少年野球児典

野球用語から心構え、こころに響く言葉まで家族で一緒に考えるから

みんなで野球が好きになる

年中夢球 著

しょうねんやきゅう【少年野球】

小学生がプレーする野球のこと。学童野球とも呼ばれる。お父さんが子供に夢を託し、子供は活躍すること、やがては甲子園・プロ野球を目指して夢を追いかけることになります。

少年野球で身に付く【5つの力】

野球の技術は野球をやめてしまえば必要ありませんが、これらの5つの力は野球が終わっても大切な力となって子供を成長させてくれます。

かんこうりょく【感考力】

選手自らが感じ考える力。子供自身が自ら気付き、そこから考える力が野球で身に付きます。

こうどうりょく【考動力】

考えて行動する力。人に言われて行動しても意味がありません。自らが考え行動する力が野球で身に付きます。

せいしんりょく【成信力】

くじけそうになった時に自分の目標を持っている選手は頑張れます。その目標（成功）を信じる力が成信力です。

はいいりょく【配意力】

周りに自分の意を配る力。想い遣りとは相手の心を気遣うと書きます。そのためには目配りや気配りが大切になります。

かんしゃりょく【感謝力】

感謝というのは人から押し付けられるものではありません。野球を通して本当の意味の「感謝」を知ることができます。

千葉

少年野球児典 目次

コラム

第一章

やきゅうようごじてん

野球用語辞典

アウトやセーフ、ストライク、ボールは知っていても、いざグラウンドへ行くと、知らないセンモン用語ばかり。基本的な言葉から今さら恥ずかしくて聞けない言葉までをご紹介。まだまだたくさんあってすべては網羅できませんが、これだけ知っていれば、それほど困ることはありません。

【野球の基本プレー】
(やきゅうのきほんぷれー)

野球は、2つのチームが4つのベースで囲まれたグラウンドでより多くの点数を競う競技。すべてのプレーは、「投げる」「打つ」「走る」「守る」が基本。さらに「声を出す」ことで、お互いの意志が伝わり、チームとなっていきます。

【投げる】

投球、スロー、放る、トス、ピッチング

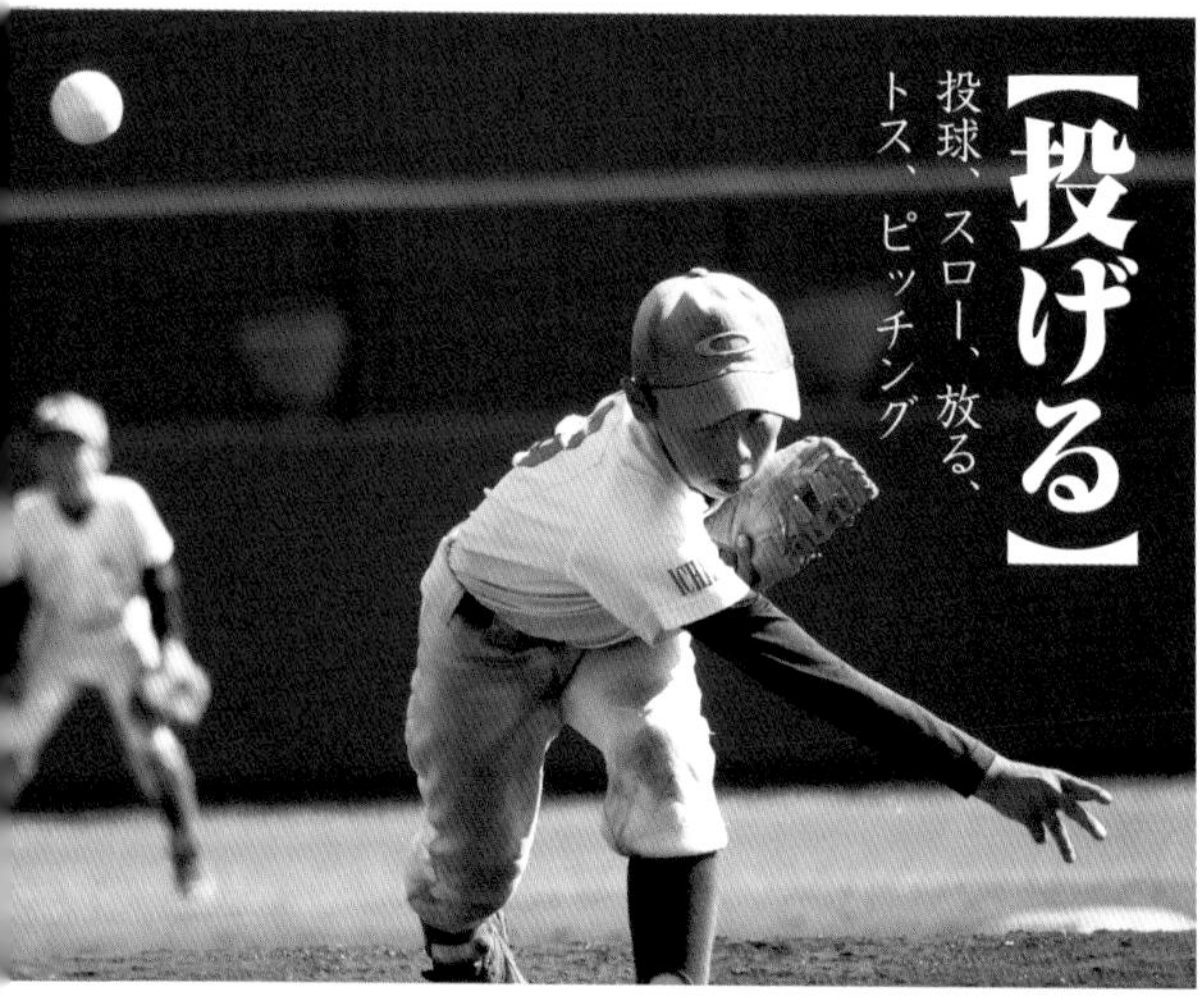

野球の試合は、投げることから始まります。いいボールを投げるためには正しい投げ方を体に染み込ませる必要があります。そして、正しいフォームで投げることは故障の予防にもなります。「投げる」「捕る」「打つ」の中で「投げる」という動作が一番直りづらいと言われています。小学生の頃から正しいフォームを身に付けましょう。

野球の楽しさは大きな当たりを飛ばすこと、という人も多いのですが、打つことには役割があり、常にホームランを狙えばいいというものでもありません。また、毎日の練習で「素振り」がもっとも続けやすいものでもあります。ピッチャーからの球はいつも同じリズム、同じ速さではありませんので、タイミングも重要になってくるのです。

【打つ】

打撃、バッティング

【走る】
走塁、ベースランニング（ベーラン）

足が速い、遅いということよりも全力で走ることが大切です。走る姿を見るとその選手がどういう姿勢で取り組んでいるのかがわかります。移動中にグラウンドの中をダラダラと歩いている選手もいれば全力で走っている選手もいます。走っている姿に意識の差が表れるのです。たとえ小学生でもグラウンドの中を歩くような選手になってはいけません。

ボールを捕球するのは手です。ですがその捕球までに足を使い、上半身の角度や目の使い方など体全部を使ってボールを捕るのです。守備は守ると書きますが気持ちの上では攻めていかなければなりません。その攻める姿勢が「攻守」となり「好守」に繋がっていきます。

声を出す理由は何でしょうか。それは「勝つ」ためです。確認の声や仲間、自分を叱咤激励する声、それらは試合に勝つために出すのです。試合の時だけ声を出すのは無理なこと。練習の時から声を出すことで試合の時にも声を出せ、それが勝利に繋がっていきます。

しゅびいち【守備位置】

9つある守備のポジションのことですが、これらに優劣はありません。内野も外野もどれも大切なポジションです。そのポジションには適正があり、どの選手がどのポジションに合っているかを指導者が見極めて決まります。

少年野球の場合、中学や高校野球を見据えて練習ではたくさんのポジションを守ることが将来の役に立ちます。中学や高校になるとポジションが専門化していくので、いろいろなところを守るのは小学生の期間が最適だと言えます。

1 ピッチャー【投手】

マウンドという山に登るためには人一倍の努力と仲間の信頼が必要です。背番号「1」の1は、ひとりぼっちの「1」ではありません。もし君がマウンドで孤独を感じてしまったらその山から仲間の「笑顔」という景色を見てください。きっと仲間から闘う力をもらえるはずです。その瞬間に君は投手でありながら「闘手」になるのです。間違っても「逃手」になってはいけません。

MEMO
田中将大や大谷翔平、菅野智之、千賀滉大など【エース】とも呼ばれる存在。家では、タオルなどを手に練習する【シャドウピッチング】ができます。

抑え【クローザー】

投手陣の最後に出ていくのがこの抑えです。自分だけの武器を持っている選手が多いのが特徴。気合で抑えるタイプが適任です。

先発【スターター】

調子が良くても悪くても「ゲームを作ること」が一番大切。そんなピッチャーになると仲間からの信頼も得られます。

中継ぎ【リリーフ】

「中継ぎに降格」という新聞の見出しがありますが、先発・中継ぎ・抑えに優劣はありません。ピンチでの登板が多くメンタルが強いことも要求されます。

2 キャッチャー【捕手】

「捕手」と書きますが、ボールを受け止めるだけではありません。ピッチャーの想い、中継プレーで繋がれてきたみんなの想い、たくさんの想いを受け止めるポジションがキャッチャーです。だからキャッチャーだけがみんなの顔を見ながら野球をするのです。みんなの顔を見ながら野球ができるキャッチャー。だからこそ、いつも元気な顔で想いを受け取ってください。

MEMO 甲斐拓也や小林誠司は強肩でピンチを救い、森友哉は打撃でピッチャーを助けます。打たれると監督に怒られるのがキャッチャーの役目。ちょっと辛い日も。

3 ファースト【一塁手】

内野手がどんなファインプレーをしても、君が捕らなければアウトになりません。ボールをファンブルしてしまったあとに焦って君に暴投を投げてしまうことがあるかもしれません。高い球が来たり、ショートバウンドだったり……。でも内野手は必ず思っています。「アイツなら捕ってくれるはずだ」と。ここ一番で、あらん限り体を伸ばして、間一髪のアウトを取ってください。

MEMO 守備位置にあふれた選手がコンバートされることが多いので、誰でもできそうに思われますが、ショートバウンドの処理など上手でないと務まりません。

4 セカンド【二塁手】

内野の「要」とも言われます。セカンドは、プレーで、声で、指示で、「要所」を「締めて」いかなければなりません。だからこそ君の声は野手に大きな勇気と元気を与えます。ピッチャーへの返球のカバーや声掛けなど、重要や役割もあります。試合中のここぞという時にみんなの顔を見て言ってください。「締まっていこうぜ！」と。

MEMO
近年は広島カープの菊池涼介のプレーに憧れて、セカンドを守りたいという子も増えています。センターラインの一翼を担うので重要なポジションです。

5 サード【三塁手】

元気で熱いハートの持ち主が守るポジションです。だから「ホットコーナー」と呼ばれています。右バッターの強烈な打球を、体を張って止め、誰よりも大きく元気な声でチームに力を与えるのが君の役目です。太陽のように熱い心がサードには必要です。だから三塁手は「ＳＵＮ塁手」なのです。どんな強い打球からも逃げないというその気持ちがチームに元気を与えます。

MEMO
おじいちゃんの世代には長嶋茂雄、お父さんの世代には原辰徳といったように常にスターが守る憧れのポジションでした。やっぱり今でも熱い選手が任されます。

6 ショート【遊撃手】

だれよりも強い肩を持ち、派手なプレーも得意な遊撃手。セカンドを守る選手は真面目で実直なタイプが多いのに比べて、少し「遊」び心がある選手が多い。だから、君には笑顔が似合う。マウンドでピッチャーが孤立していたら、君の笑顔がピッチャーに大きな勇気を与えるはず。その優しさは「優撃手」にもなります。そしてここ一番の勇気あるプレーは「勇撃手」でもあるのです。

MEMO
坂本勇人や源田壮亮など、子供たちが憧れる選手が守っています。センターへ抜けそうな打球をキャッチし、ファーストに投げる姿はかっこいい！

7 レフト【左翼手】

右バッターの強烈な打球。左バッターのラインに切れていく打球。レフトの守りは難しいものです。風を計算に入れ、ピッチャーの配球を頭に入れ、監督やコーチの指示、さらには前の打席の結果によって一球一球、君はポジショニングを取ります。「レフトがなんであんなところにいるんだよ～」と相手チームに言わせることができたら、君のポジショニングのお陰です。

MEMO
プロ野球では守備よりも打撃を優先させて「とりあえずレフト」というケースがありますが、少年野球では重要なポジション。ボールを後ろに逸らさないこと。

8 センター【中堅手】

青々とした夏の芝生を走り回る君の姿は何よりも格好いい。右に左に駆ける君には抜けそうな打球をアウトにする可能性があります。たとえ左中間や右中間を抜けてもいち早くボールに追いつき、内野へと返球します。君のその力はチームに無限の力を与えます。「8」という数字は見方を変えれば「∞＝無限大」になります。君の走り回る姿がチームを「∞」に元気にしてくれます。

MEMO
柳田悠岐、丸佳浩、西川遥輝など、打って走って守れる選手がセンターにはそろっています。守備範囲も広く、捕れないと思ったボールをキャッチする醍醐味があります。

9 ライト【右翼手】

昔はライパチという言葉があって、一番人気のないポジションでしたが、今は、イチロー、松井秀喜……たくさんのスーパースターが守るポジションです。少年野球には、ライトゴロがあります。ヒットを打たれて、気落ちした瞬間、前進してきてキャッチし、矢のような送球で一塁でアウトにできたら試合の流れも大きく変わります。「エリア9」でチームのピンチを救ってください。

MEMO
ライトを守りたい！という子供はなかなかいないのですが、実は流れを変える大切なポジション。思いっきりの良さがあれば、ライトゴロで相手のヒットを1本減らします。

だじゅん【打順】

攻撃をする際のバッターの順番。それぞれに役割があり、選手の能力を考慮して最適な順番にすることで、「打線」となってつながります。

1番

最初に打席に立つバッターで、1番多く打席が回ってきます。最大の役割は「塁に出ること」。ヒットだけでなくフォアボールもありますから、選球眼も大事。塁に出た後は足の速さも必要になるため出塁率と得点力も求められます。リードオフマン。

2番

バントやヒットエンドランなどで「チャンスを広げる役割」があり、器用な選手が多いです。また、1番がアウトになった場合は出塁することも求められます。近年では「2番最強説」とも呼ばれ、2番にスラッガーを置く考えも出てきています。

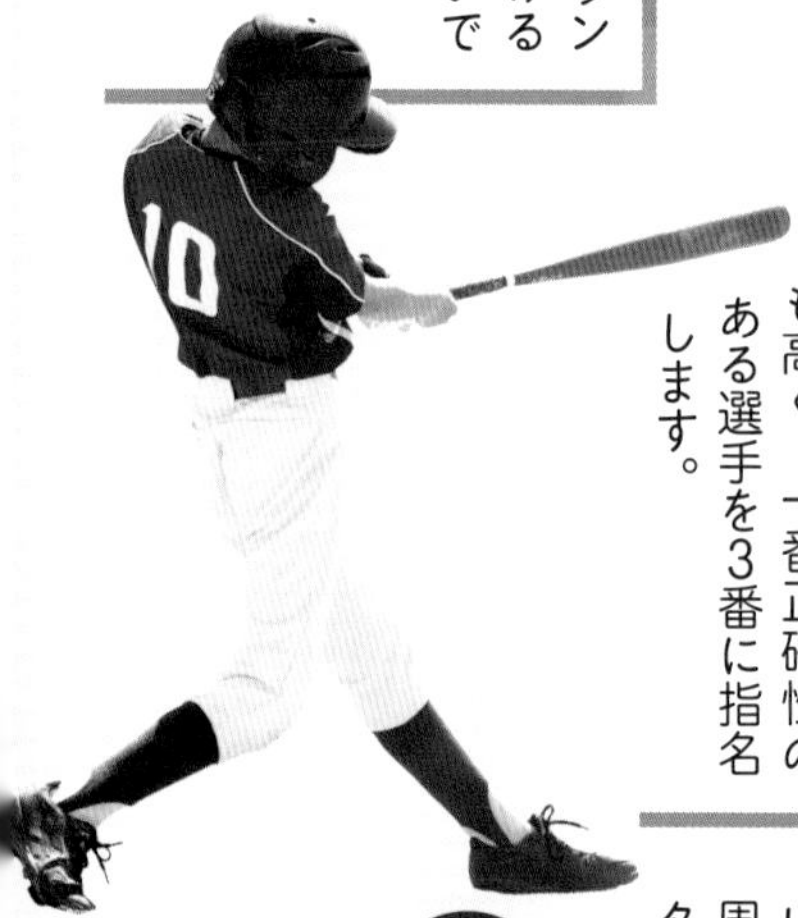

3番

3・4・5番をクリーンナップと言います。塁に出た選手をクリーン（掃除）するという意味です。3番はチャンスを広げ、チャンスをものにする役割を求められます。私は、長打もあり打率も高く、一番正確性のある選手を3番に指名します。

4番

チームの中で一番長打力があり、ホームランを打てるバッターが4番になります。また、チャンスで回ってくる可能性も高いので、心が強い選手であることも4番の条件。周りの選手から「信頼されるバッター」でなければなりません。

5番

クリーンナップの最後の砦。3・4番がチャンスに打てなかった時は、5番がチャンスをものにしなければなりません。そう考えると5番はチャンスに打てる勝負強さが必要になってきます。

6番

上位打線と下位打線の繋ぎ目となります。上位打線がランナーを返せなかったら代わりに返す役割があり、ランナーがいなかったらチャンスを作り直す役割もあります。そう考えると第2の1番バッターと言えるかもしれません。

7番

6番が下位打線の1番だとすると7番は第2の2番バッターとなります。少しでもチャンスを広げることが求められます。一般的には7番から下位打線と言われますが、やり甲斐を持つことで下位打線は「甲斐打線」になってくれます。

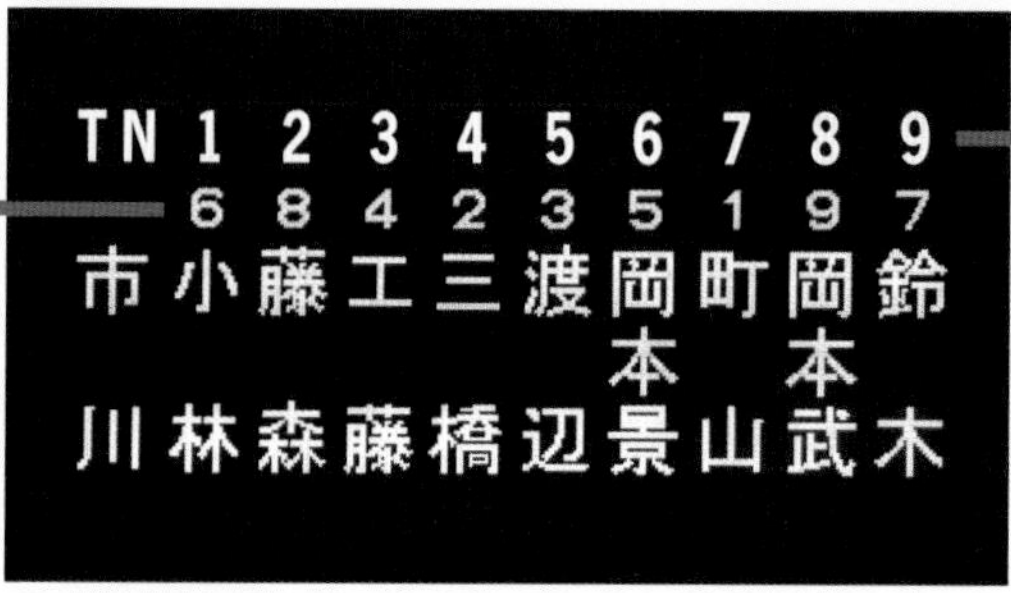

8番

私は相手チームの8番がいいバッターだと一番やりにくいです。理由は打線に切れ目がなくなるからです。8番の選手にタイムリーヒットを打たれると相手チームはガックリします。8番は「相手を落胆させる力」を持っています。

9番

9番を重要視していない人も多いでしょうが、9番はとても大切な打順です。次の1番に繋げられるかどうかという役割があるからです。ヒットでもフォアボールでも1番に繋ごうとする「繋ぎの気持ち」が9番には大切になります。

ぐらうんど【グラウンド】

野球は、ベースを結んだダイヤモンドなど決められた規格の中でプレーが行われます。大会を行う会場は関係者が整備してくれますが、練習場のグラウンドではお父さんたちが整備することも。塁間やピッチャーとキャッチャー間などは覚えておきたいところです。

球場

少年野球の場合は、広場を整備したグラウンドで試合をすることが多いのですが、大きな大会はスタンドのついた野球場でできることがあり、テンションが上がります。各市町村に「聖地」と呼ばれる球場があり、そこでプレーすることを目指します。

河川敷球場

広い河川敷にいくつもの球場があります。ネットは自分たちで張ることになりますが、広くてのびのびプレーできます。ただ、風の強い時は影響をまともに受けるだけでなく、砂が舞って目を開けることができない日もあるほどです。

学校の校庭

日頃の練習や他チームとの練習試合を学校の校庭で行うことがよくあります。飛ばし過ぎてガラスを割らないように注意しないといけません。

グラウンド

野球のグラウンドは、球場から校庭まで様々ですが、決められたエリアでプレーをすることになります。守備の定位置は以下のようになります。最初に覚えてしまいましょう。

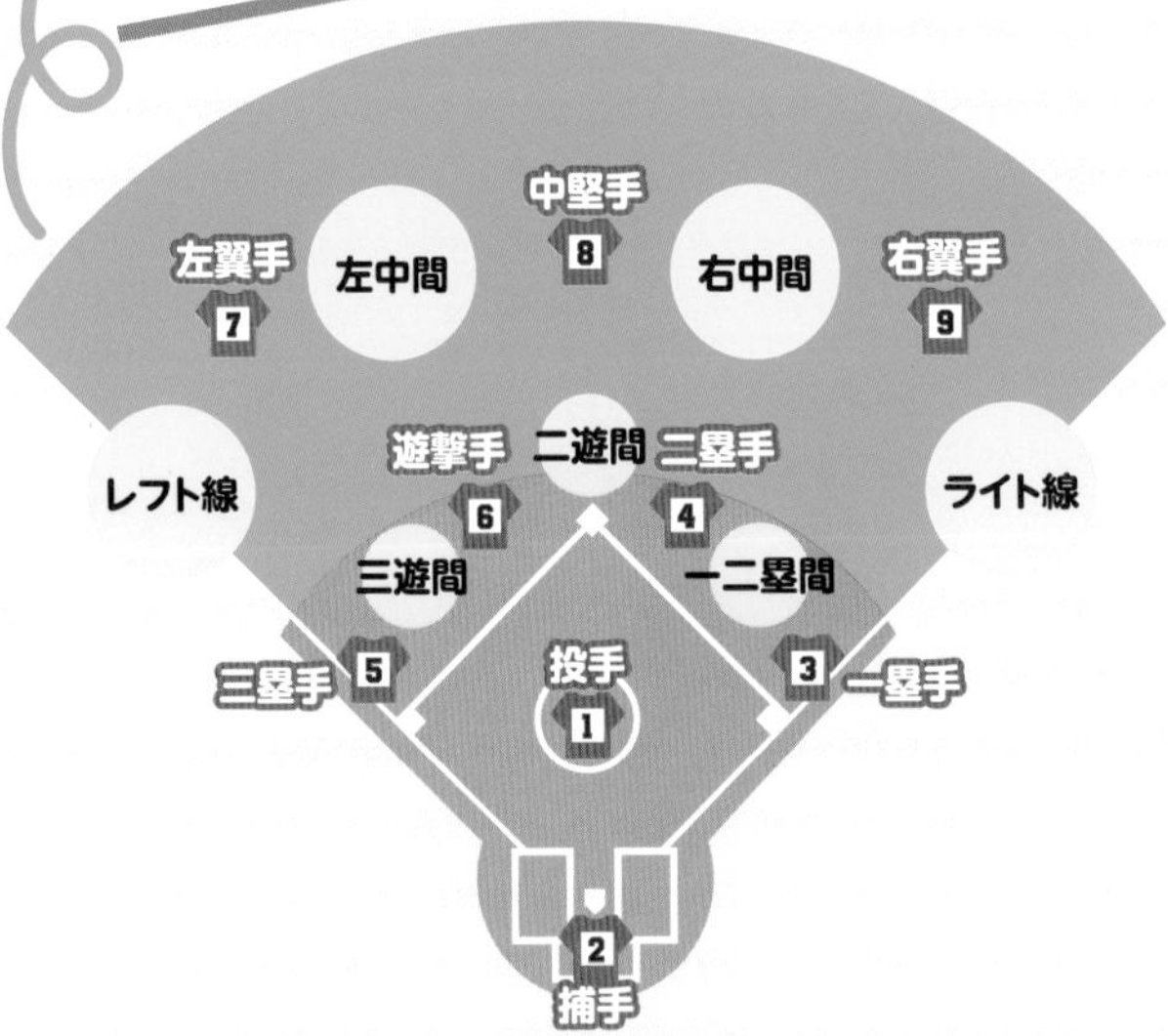

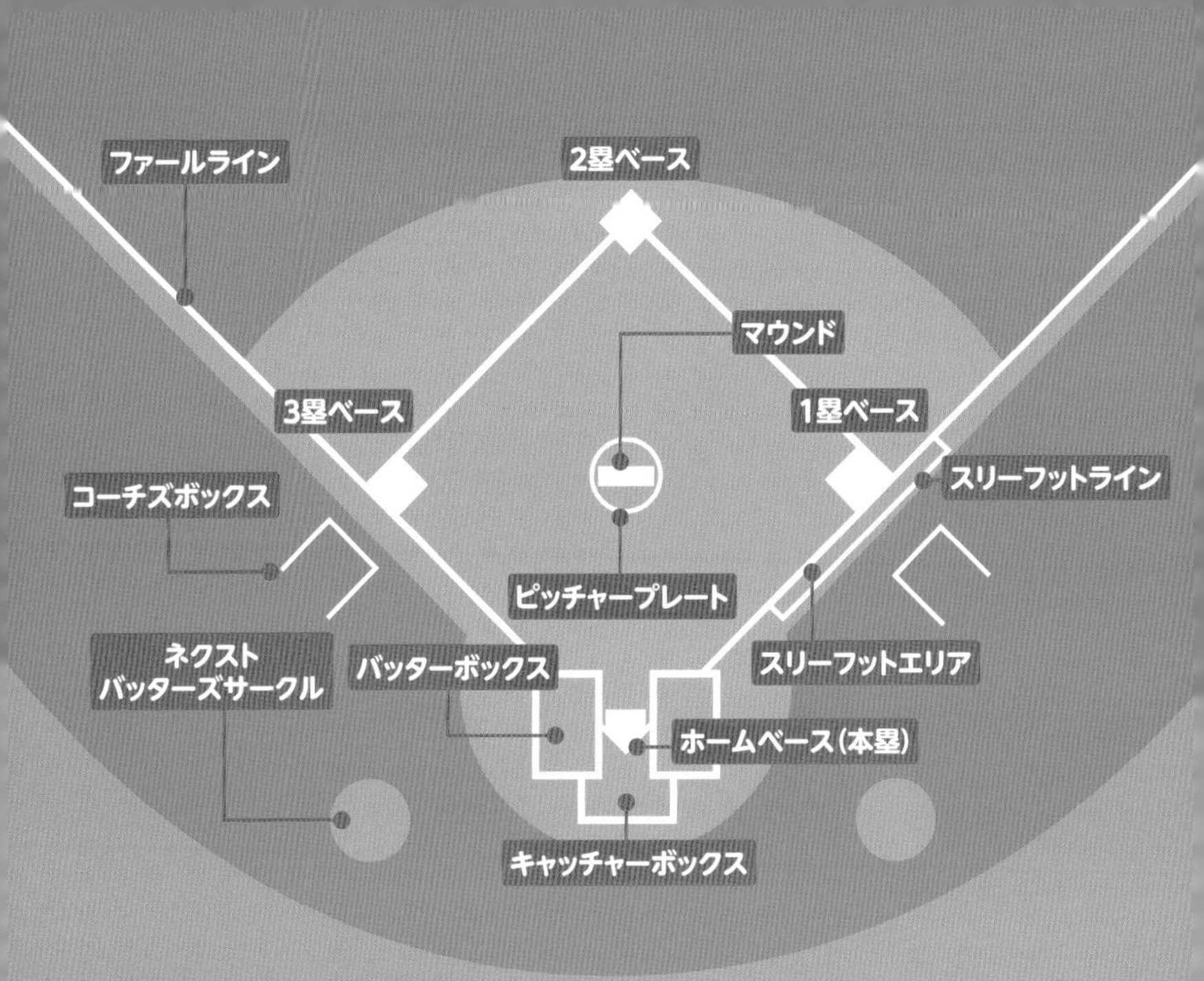

少年野球の距離

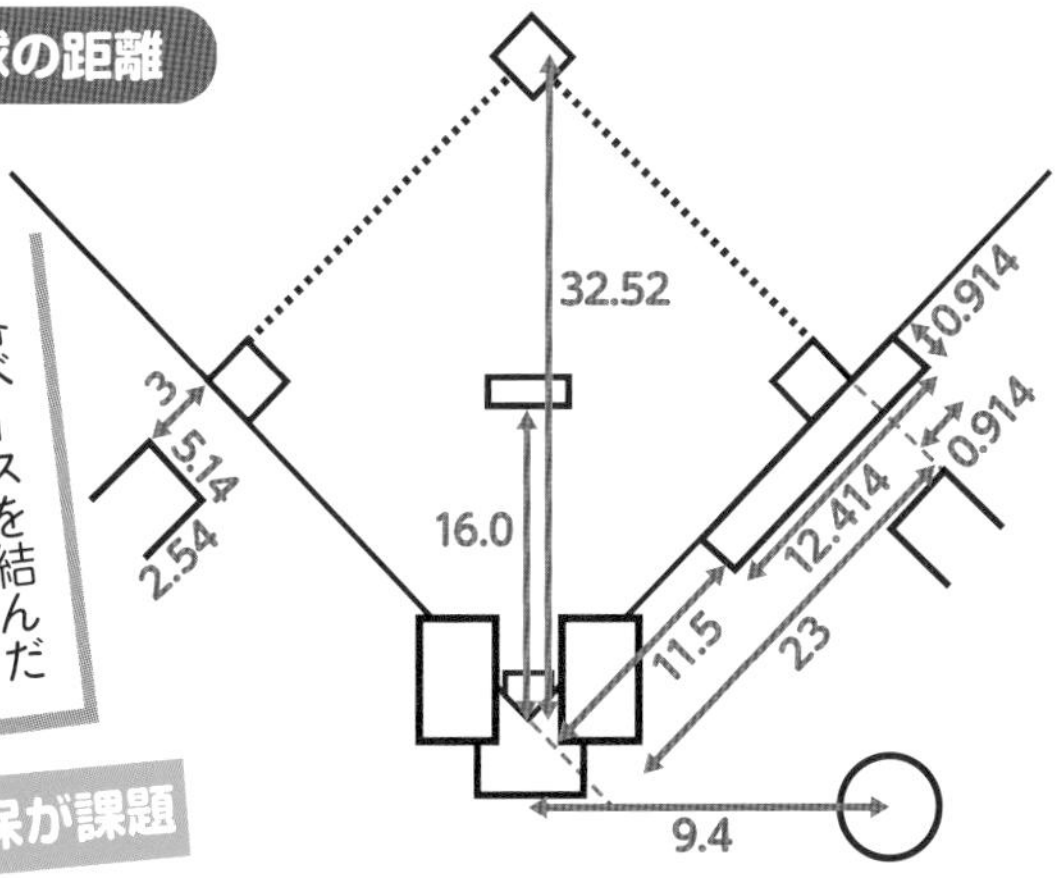

単位＝メートル

ダイヤモンド

各ベースを結んだラインのことをダイヤモンドと言います。寸法はこのように決められています。

グランドの確保が課題

このところ、野球ができるグラウンドが減少しているようで、どのチームもグラウンドの確保が課題となっています。保護者が必死に抽選会に参加して、なんとか練習場所を見つけているチームもあります。チーム選びの際、ホームグラウンドの有無も判断基準になっているようです。

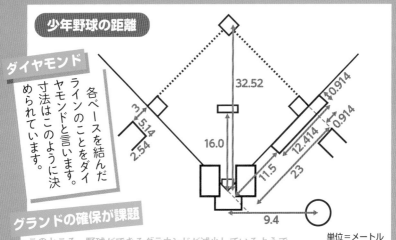

どうぐ【道具】

野球にはボール、バット、グローブなど「道具」が欠かせません。でも、それだけではなく体を守る防具や、ユニフォームまでいろいろあります。自分でそろえるものと、チームで購入するものとありますのですべて用意する必要はありません。

ユニフォーム
いろいろなデザインで実にカラフルです。背番号はその都度お母さんが縫うことになります。

帽子
頭を傷つけないため、さらには暑さから守るために被ります。つばの芯にはポリエチレンの板が入っていますが、丸くし過ぎて折れてしまい「へ」の字になっている選手がいます。

グローブ
自分の手となる重要な道具です。革でできているので使用後に手入れしてあげること。

アンダーシャツ
直接肌に触れるものなので汗を吸うことになります。冬場は長袖、夏場は半袖ですが、最近はピタっとしたタイプを好む選手も。

ストッキング
アンダーストキングの上に履くのがストキング。スライディング時に足を守ります。

ベルト
素材は革でできています。長さを合わせて、ぴったりとはめられるように切っておきます。

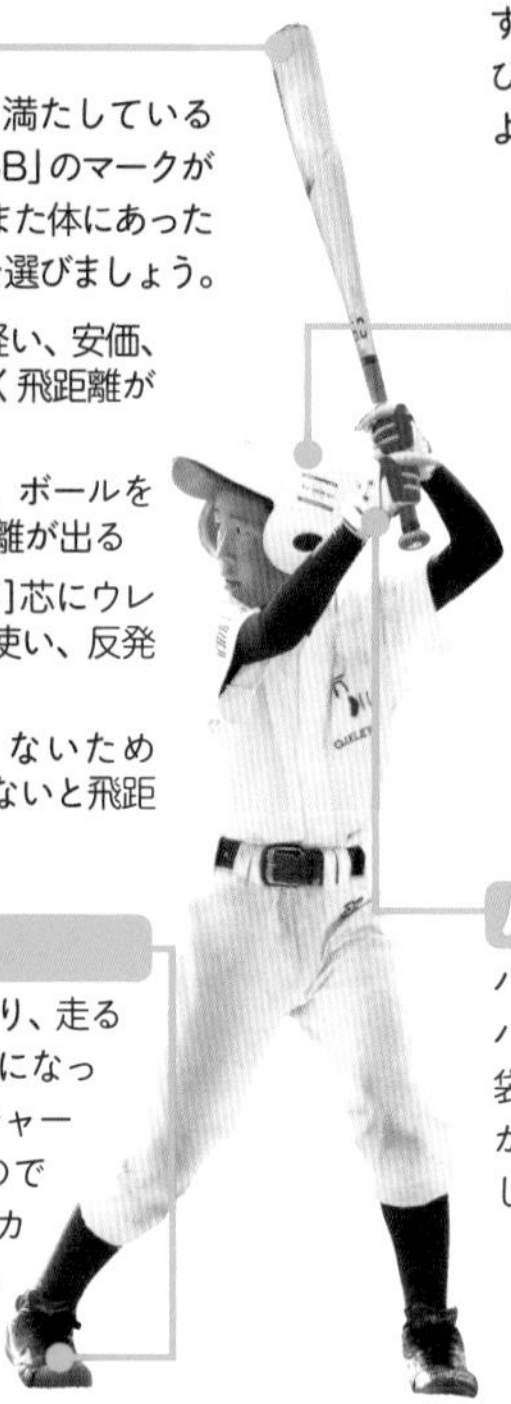

バット
少年野球の規定を満たしている必要があり、「JSBB」のマークがついているもの、また体にあった長さ・重さのものを選びましょう。

金属＝［アルミ］軽い、安価、［ジュラルミン］硬く飛距離が出る、重い、硬式

カーボン＝軽い、ボールを弾く力があり飛距離が出る

複合＝［ビヨンド］芯にウレタンなどの素材を使い、反発力が高い、高価

木製＝芯が広くないためしっかりととらえないと飛距離が出ない

ヘルメット
ボールから頭部を守るアイテム。中には緩衝材が入っていてダメージを軽くしてくれます。バッターだけでなく、ランナーコーチも被ります。

スパイク
靴の裏に凹凸があり、走る際に滑らないようになっています。ピッチャーは摩耗しやすいので「P革」と呼ばれるカバーをして補助しています。

バッティング手袋
バッティンググローブ、バッテともいわれる手袋で、汗などでバットが滑らないように着用します。

声
監督の指示などをグラウンドにいる選手に指示する機会が多いです。大きく通る声がいいのですが、出しすぎて声が枯れてしまう子供もいます。

ヘルメット
バッターが思い切り振ったバットが当たることがあるのでヘルメットを着用していると安心。この上からマスクをつけるのでちょっと大変でもあります。

プロテクター
胸からお腹を守る道具。肩の部分にもパットがついて、ファールチップが飛んできた際、衝撃を和らげてくれます。

キャッチャーミット
ピッチャーの球を取るために丸みを帯びた形状をしていて、衝撃を和らげるために革が厚くなっています。

マスク
顔をボールやバットから守ってくれるキャッチャーにとってもっとも大切な防具です。金属のフレームでできていて、視認性を確保しています。夏はとにかく蒸れやすく、何とも言えない香りが漂います。

レガース
膝から下をガードする防具。硬い素材でできていて、裏側にはクッション素材が入っています。装着するのにやや時間がかかります。

ファーストミット
一塁手が使うグローブで、内野からの送球をしっかりと捕球するためにほかのグローブよりも大きく、長めに作られています。絶対に使わなければいけないわけではないので、普通のグローブで一塁を守ることもあります。

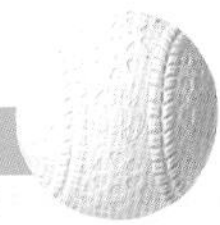

軟式ボール
2018年から規格が変更となりました。以前は、小学生がC号、中学生がB号、大人がA号でしたが、A号とB号は「M号」(大きさ約72ミリ、重さ約138グラム、反発の高さ80センチ)に、C号は「J号」(大きさ約69ミリ、重さ約129グラム、反発の高さ70センチ)に変わりました。一般的には「J球」と呼ばれています。

硬式ボール
コルクなどの芯に糸を巻き付け、牛革で覆い、縫い合わせたボールで一種類しかありません。大きさは約73〜74ミリ、重さは約141〜148グラム、反発の高さは48〜55センチ。

ぴっちゃー【ピッチャー】

プレーの最初は、ピッチャーの投球からです。これがないと野球は始まりません。試合を作るも壊すもピッチャー次第と言われますが、仲間が支えてくれるから一人ではありません。ピッチャーは子供に一番人気のあるポジションです。

遊び球

ストライクが先行した場合、打ち取る決め球を投げる前にあえて投げるボール球のこと。運よく振ってくれたら儲けもののくらいの気持ちで投げるのですが、ミスをしてストライクゾーンに入って痛い目にあうこともあります。遊び球の直後のボールを何にするかによって遊び球のコースや球種が変わってきます。

甘い球

ど真ん中のストライクなど、バッターにどうぞ打ってください、と言わんばかりの位置に投げてしまうボールのこと。気を抜いたようなときにスーッと真ん中に入ってしまい見事に打たれてしまいます。少年野球では監督から「甘い球は投げるなよ」と注意されますが、そこまで投げきれない投手もたくさんいます。

ウエスト

遊び球と同じ意味で、捨て球や釣り球、見せ球などとも言います。ピッチアウトとよく間違えやすいのですが、区別されています。

牽制（けんせい）

盗塁しようとするランナーを警戒して塁上にいる野手にボールを投げ釘付けにすること。タイミングよく牽制するとランナーが塁に戻れず、タッチアウトを取ることができます。ピッチャーは足の上げ方やタイミングの取り方を工夫し、ランナーをかく乱させます。

打たせて取る

何が何でも三振を取るんだ、という姿勢ではなく、球数を抑えるためにも、大きな当たりをされないよう注意しながら投げるスタイル。内野ゴロや外野フライなどを打たせ、仲間の守備に助けてもらいながら投げていくことになります。丁寧に低めをつくピッチャーに多いです。

エース

エースとはチームの柱となるピッチャーのことで、少年野球では背番号1を付けることが多いです。どの試合でも先発することがほとんどで、仲間たちからも「あいつなら大丈夫」と信頼されているものです。

完全試合

「パーフェクトゲーム」とも言われ、一試合において、ひとりも出塁せずに勝つことを言います。すべての打者をアウトにするため、守っている野手

マウンド
ピッチャーが投球するエリアのことで、土を高く盛ってあります。少年野球では、25.4センチが規格とされています。球場によって高さが違っていたり、土の硬さが違うので、投げやすいところと投げにくいところがあります。
ロージンバッグ
滑り止め剤を布製の袋に入れて、ピッチャーのプレート後方に置いておくもの。雨の日などはポケットに入れておく場合も。野球以外のスポーツでも使われます。
プレート
ピッチャーはどこから投げてもいい、というわけではなく、ホームベースから16メートル（少年野球の場合）離れたところに「ピッチャープレート」を置き、そこに触れて投げなければいけないルールになっています。横51センチ、縦4.572センチと大きさが決まっています。いいピッチャーはプレートを上手く使います。

も緊張感が高まります。プロ野球では、1994年に槙原寛己さんが記録して以来、出ていません。少年野球の場合、チームの実力差が大きい時に見られることがあります。

完投

一人のピッチャーがすべての回を投げ切ること。完投して勝つことを「完投勝利」と言います。反対に完投しながらも負けてしまうこともあります。

完封

完全試合とは違い、ヒットや味方のエラーなどがあっても、最後まで得点を与えないことを完封といいます。勝てば「完封勝利」、何人ものピッ

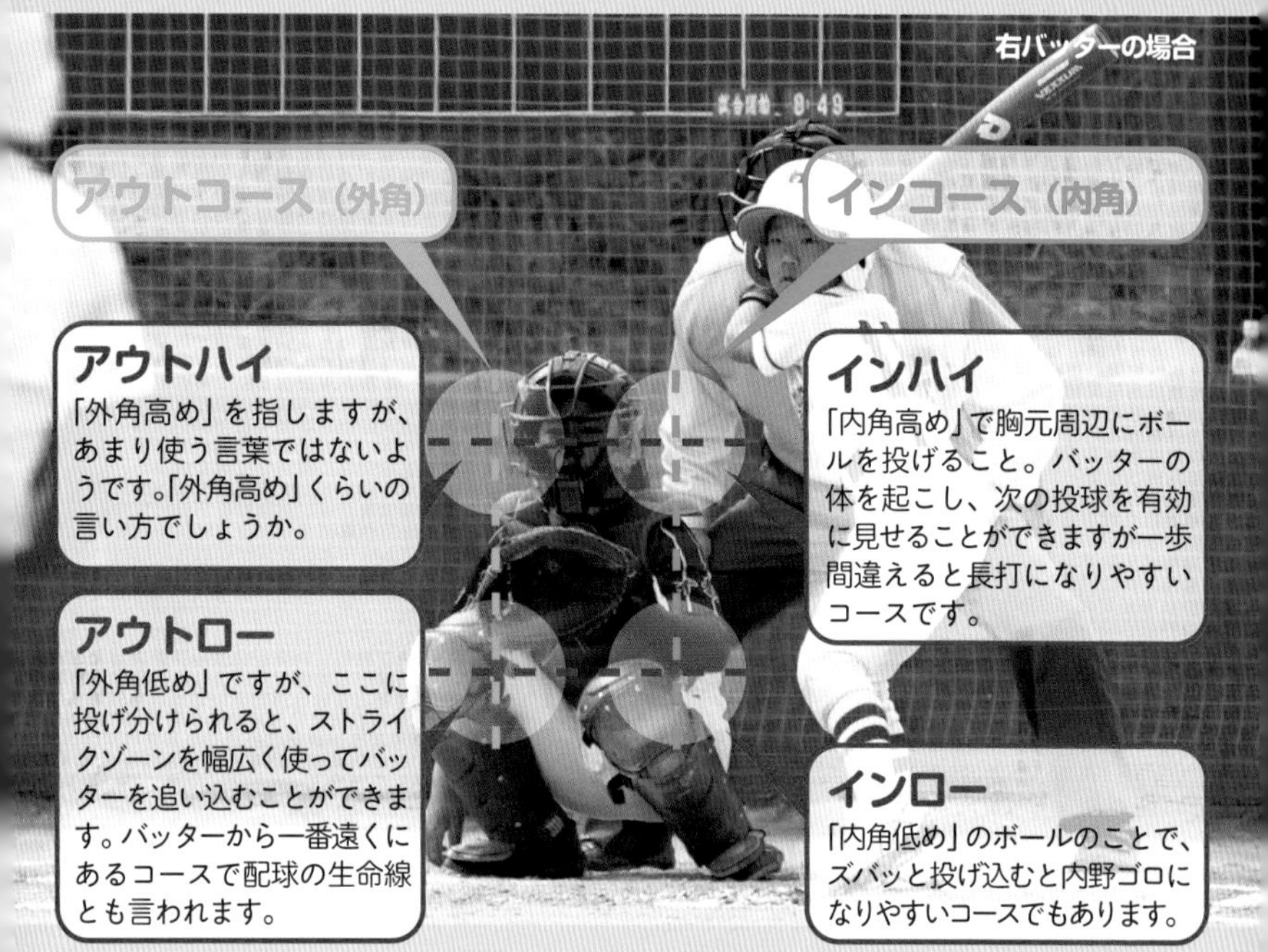

右バッターの場合
アウトコース（外角）
インコース（内角）
アウトハイ
「外角高め」を指しますが、あまり使う言葉ではないようです。「外角高め」くらいの言い方でしょうか。
インハイ
「内角高め」で胸元周辺にボールを投げること。バッターの体を起こし、次の投球を有効に見せることができますが一歩間違えると長打になりやすいコースです。
アウトロー
「外角低め」ですが、ここに投げ分けられると、ストライクゾーンを幅広く使ってバッターを追い込むことができます。バッターから一番遠くにあるコースで配球の生命線とも言われます。
インロー
「内角低め」のボールのことで、ズバッと投げ込むと内野ゴロになりやすいコースでもあります。

チャーを繋いで0点に抑えた場合は「完封リレー」といいます。

球威

ピッチャーが投げるボールの勢いのことで、スピードが出ていることを指します。「今日のピッチャーは球威があるな」と試合前に思ってしまうと、ビビりながら打席に立つことになりかねません。

クイックモーション

盗塁を防ぐために、ピッチャーがモーションを小さく、かつ素早くすること。「クイック投法」「クイック」と呼ばれています。またランナーがいなくても、バッターのタイミングを外したいときに使うこともできます。ただ、足にしっかりと体重を乗せられないのでやや球威が落ちることがあります。

敬遠

強打者が回ってきた時に、次のバッターと勝負するほうが有利と考えたり、満塁にして守りやすくする作戦をとるために、わざとフォアボールにして対戦を避けること。「故意四球」とも呼ばれます。プロ野球では申告敬遠といって、ボールを4球投げなくてもいいというルールが導入されました。

サウスポー

左利きの選手。「レフティー」とも呼ばれますが、左ピッチャーは左バッ

ノーワインドアップ

腕を振りかぶることなく胸のあたりに置いて投球をする姿勢のことで、軸足はプレートに、反対の足はプレートの後ろとなります。ワインドアップでコントロールが悪い投手がノーワインドアップに変わることもあります。

ワインドアップ

ボールを持つ両手を頭のあたりまで上げてから投球姿勢に入るもので、いわゆる「振りかぶる」ことです。反動を使って投げるためスピードボールが投げやすいです。

セットポジション

塁上にランナーがいる場合、ピッチャーがとらないといけない姿勢のことを言います。プレートに軸足を触れ、反対側の足をプレートより前に置いて投球します。

ターとの対戦で有利なことから、「左キラー」「左殺し」などともいわれます。チームに左利きの子供が入ってくると、まずはピッチャーに、と考える指導者も多いはず。

初速

ピッチャーがボールを投げた時の速さのこと。ホームベースを通過する際の速さは終速といわれますが、スピードガンは初速を指すことが一般的。

ストレート

変化することなくまっすぐキャッチャーミットに投げるボールのことで、最も球速が速く、力強いボールになります。リトルリーグは変化球が認められていますが少年野球の場合は、ほとんどがストレートです。

制球力

コントロールのことで、思ったところにボールを投げられる力を指します。ピッチャーにとって球速も大事ですが、制球力がないとフォアボールやデッドボールばかりで試合が成り立ちません。

球の回転

いわゆるキレのいいボールは、回転数が高いと言われています。近年は空気抵抗やスピンの影響などの研究が進み、回転数を計測する機械も一般で発売され、スマホのアプリでボールの状態を知ることができます。ボールをリリースする時の人差し指と中指の使い方がカギとなります。

デッドボール

投球がバッターに当たり、一塁が与えられること。バッターも痛いですが、ピッチャーも痛い。デッドボールを与えた際は、帽子を取って一例することがマナーとも言えます。

すっぽ抜け

「抜け球」ともいい、ボールにしっかりと指がかかっていない状態で投げたボールのこと。時には甘い球になって打たれることもありますし、バッターの後ろを通過するほどの大暴投になることもあります。

ノーコン

「ノーコントロール」の略で、ストライクが入らないことを指します。コントロールは練習すれば必ずよくなりますから、今はノーコンでも頑張りましょう。

ノーヒットノーラン

相手にヒットを与えないことで、無安打無得点試合とも言います。完全試合とは異なり、フォアボール、デッドボール、エラー、打撃妨害、振り逃げなどにより出塁されても、無得点であればノーヒットノーランとなります。

配球

バッターへ、どの球種でどのコースへ投げるかを考えること。少年野球でも前の打席の成績から、注意するコースを監督が指示することがあります。ただし、その通りに投げられるとは限りません。

ピッチアウト

ランナーが塁上にいるとき、ヒットエンドランや盗塁、さらにはスクイズなどを警戒して、バットの届かない外角に大きく外して投球することを言います。ピッチャーに有利なカウントのときにボールを投げることがありますが、それは「ウエストボール」と呼ばれ、ピッチアウトとは意味が異なります。

フォアボール

バッターにボールを4つ与えること。「四球」とも言います。インプレーなので、捕手が後逸している場合は、セカンドまで走ってもいいのです。

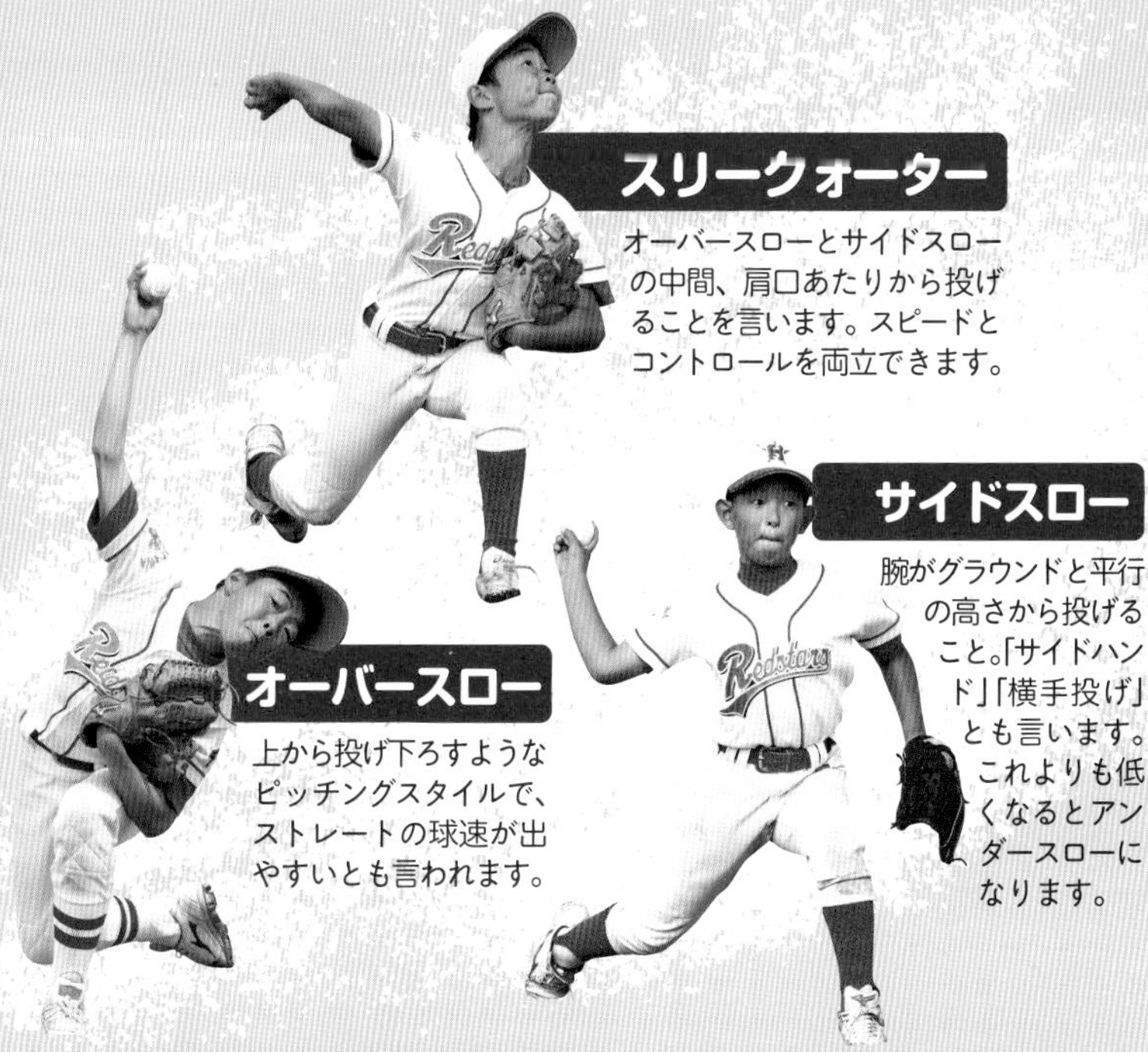

スリークォーター

オーバースローとサイドスローの中間、肩口あたりから投げることを言います。スピードとコントロールを両立できます。

サイドスロー

腕がグラウンドと平行の高さから投げること。「サイドハンド」「横手投げ」とも言います。これよりも低くなるとアンダースローになります。

オーバースロー

上から投げ下ろすようなピッチングスタイルで、ストレートの球速が出やすいとも言われます。

変化球

握り方などを変えて、ボールの軌道を変化させ打ちにくくすること。少年野球ではストレートが中心ですが、中学になると変化球が加わり、タイミングを崩され、打てなくなる選手が出てきます。

ボーク

ピッチャーがバッターへ投げる時やベースに投げるときの反則行為のこと。塁にランナーがいる時、セットポジションで完全に静止しなかったり、プレートに触れずに投げたりと、細かく決められていて少々複雑ですが、ピッチャーは覚えておかないといけません。

持ち球

自分が投げられるボールの種類です。変化球が多く投げられると「持ち球が多い」などと言います。

リリースポイント

リリース＝ボールを離すポイントのことで、バッターに近いと力が伝わりやすく、タイミングも取らせにくいと言われます。その日の調子によってリリースポイントが違うこともあるので、調整の際のポイントでもあります。

ワイルドピッチ

いわゆる「暴投」のことで、キャッチャーが取れないほどのボールを言います。パスボールとは違うので注意しましょう。

バッティング【打撃】

野球は得点の多いチームが勝利となるため、いくらピッチャーが好投しても、打たないことには勝てません。ヒットを打つために日々素振りをしたり、打ち込みをしましょう。ヒットを打った後の塁上でのガッツポーズは最高のシーンです。

リードオフマン

一番バッターを指す言葉で、塁に出てチャンスを広げることを求められます。打順が最も多く回ってくるので、打率はもちろん、足が速く、出塁率が高いとチームに勢いがでます。

猛打賞

一試合で一人の選手が3本以上のヒットを打つことを指します。

安打製造機

ヒットをたくさん打つ選手のこと。当然打率も高く、チームで中心的な選手です。

マルチヒット

一試合で2本以上のヒットを放つこと。日本人がアメリカでプレーするようになってから多く用いられるようになりました。

長打力

バッターが遠くまで打球を飛ばす力のこと。クリーンナップを打つ選手には長打力のある選手が多い傾向にあります。

スラッガー

長打力のある選手のことを指します。大きい当たりを打つスラッガーに子供たちは憧れます。

パワーヒッター

力強く、大きな当たりを飛ばす選手のこと。遠くまで飛ばすには力が必要で体格のいい選手や背の高い選手に多いです。

クリーンナップ

塁上にいる選手をホームに返して一掃するという意味合いから付けられたもので、3番、4番、5番バッターを指します。強打者が並びます。

ミート

フルスイングよりも、ピッチャーが投げた球に対してタイミングを合わせ、芯でとらえるように意識して振ること。大振りするのではなく、コンパクトに振ることが多い。

タイムリーヒット

ヒットを打ち、ランナーをホームに返したヒットのこと。日本語では「適時打」と表記します。ランナーは出るのに、点数が入らないときは、「タイムリー欠乏症」などと監督はぼやきます。

集中打

ヒットが連続でどんどん出ること。一気に大量得点につながるチャンスです。

アベレージヒッター

コンスタントにヒットを打つバッターのことを言います。プロ野球では3割を超えるとそう呼ばれますが、少年野球では打率5割を超える選手もいます。

選球眼

ストライクとボールを見極める目のこと。選球眼のいい選手は、ボール球に手を出さず、フォアボールを選択して出塁する回数が増えます。

バッティングカウント

一般的に2ボール1ストライクのことを指します。ピッチャーはストライクを取りに来るので、コースが甘くなることが予想されるため積極的に打ちに行けるからです。

自打球

打った球が自分の体に当たることを言い、その打球はファールとなります。多くの場合、足に当たりますが、少年野球ではバントを失敗して顔に当てるといったケースも見られます。

スイッチヒッター

左右のどちらでも打てるバッターのこと。ボールが見やすいように右ピッチャーなら左打席、左ピッチャーなら右打席に立ちます。

扇風機

ブンブンとバットを振って空振りの多い選手のこと。ただ、思いっきり振っているので当たったらホームラン級のボールをかっ飛ばすこともあります。

打撃妨害

多くの場合、キャッチャーがミットを前に出しすぎて、バッターの打撃を妨害したときに宣告され、バッターは1塁に進むことができます。

凡打

バットに当たったが、ヒットにならず、アウトになること。凡打でベンチに帰る時は監督の視線が気になる……。

見送り

ボールを打たずに見逃すこと。3つめのストライクを、バットを振らずに三振した時は、「見逃し三振」と言います。監督に叱られる可能性大。

振り逃げ

3ストライク目をキャッチャーが逸らしたり、ノーバウンドで捕球できないとアウトにならず、1塁へ進むプレー。2アウトのとき、または0アウト、1アウトで1塁ランナーがいないときに限ります。

ハーフスイング

打ちにいって途中でスイングを止めること。一般的にバッターの手首が返っていたらスイングとされます。

泳がされる

ピッチャーの投球により体勢を崩され、フルスイングできないこと。

突っ込む

タイミングを外され、体勢が前に出た状態で打つこと。

詰まる

バットの芯より根元側にボールが当たり、思ったよりも飛ばないこと。

悪球打ち

ボール球に手を出す（打つ）ことで、ドカベンの岩鬼選手が有名。

アッパースイング

バットを下から上に向かってすくい上げるように振ること。低めのボールには強いが、高めのボールは打ちにくいとも言われます。

ダウンスイング

バットを上から下へ向かって振るスイングで、以前は理想的な振り方と指導されていました。

レベルスイング

地面と平行にバットを振るイメージで、ボールの軌道に合っている時間が長く、ミートの確率が高いとも言います。

ドアスイング

両腕が伸びた状態でバットが遠回りしてしまうスイングのこと。大振りになりやすい。

上から叩く

ダウンスイングで振ること。ゴロを転がしてほしい時に使われます。

バットコントロール

どんなボールにも対応してバットをボールに当てる技術があることを言います。

おっつける

右バッターがインコースに来た球を右方向に流し打ちすることなどを指す。右手で押し込んで打つような感じです。

マン振り
力いっぱいバットを振ること。

強振
バットを強く振ること。

引っ張り
右バッターならレフト方向へ、左バッターならライト方向へ強く打つこと。

流し打ち
右バッターならライト方向へ、左バッターならレフト方向へ打つこと。ボールを長く見られるので変化球に対応しやすい打ち方でもあります。

センター返し
以前からバッティングの基本と言われてきた、センター方向に打ち返すこと。バットが自然に出るため勢いのある打球になると言われています。

広角打法
レフトからライトまで広い範囲にわたって打ち分けられること。どんな球にも対応した打ち方なのでヒットも多い。

ピッチャー返し
打球がピッチャーへ向かうこと。捕球体勢ができていないことが多いので、体に当たるなどの危険があります。

グリップ
バットを握る場所のこと。金属バットの場合は、滑りにくくするためにテープが巻かれています。

テイクバック
スイングをする際に反動をつけるために腕をキャッチャー方向に引く動き。テイクバックの大きさによってスイングが変わってきます。

ヒッチ
グリップを上下に動かすことでタイミングを取る方法。ジャイアンツの丸佳浩さんがスイングに取り入れています。

フォロースルー
打った後にバットを振り切ることを指します。

うまくできている選手はボールを遠くまで飛ばすことができます。

トップ

バットを振る直前のグリップの位置のこと。トップの高さによってスイングの軌道も変わってくることがあります。

スクエアスタンス

バッターボックスの線に対して平行に構えることを言います。基本的にはこのスタンスを取る選手が多いです。

オープンスタンス

ピッチャーのほうにある足を外側に置いたスタンスで、ピッチャーのボールが見やすいと言われています。

クローズドスタンス

ピッチャーのほうの足を内側に置いて構えること。昔はよく見られましたが現在はあまり多くいません。

一本足打法

足を大きく上げタメ作って打つ方法。体幹がしっかりしていないと不安定になるし、タイミングを崩されるともろいことも。世界のホームラン記録保持者・王貞治さんが最も有名です。

振り子打法

足を振り子のように振ってタイミングを取る打ち方。代表的な選手はイチローさん。みんな一度は真似しますがなかなか習得できないものです。

ノーステップ打法

最初から足を広げておき、ステップをせずにタイミングを取って振る方法。オリックスのT岡田さんなどで知られています。体の上下動が少ないのがメリットではありますが、ボールに力を伝えるのが難しい打ち方です。

そうるい【走塁】

野球において投げる、打つと同様に重要なのが「走る」ことです。相手の隙を見て1つでも先の塁に進むことでチャンスが広がります。走る時にはスタートや次の塁へ行くかどうかという判断が大事になってきます。

韋駄天

足の速い選手のことで、チームにひとりはいるのではないでしょうか。途中からぐんぐんスピードを上げていきます。足の速さは大きな武器になります。そして、足にはスランプがありません。

オーバーラン

バッターは1塁を駆け抜けた後、オーバーランすることを許されていて、ベースを離れていてもタッチアウトになることはありません。ただ、すぐに一塁へ戻らなくてはいけません。オーバーラン後、2塁へ進もうという姿勢を見せると、この権利は消えてしまいアウトにされる可能性があります。ラインの外側、内側というのは関係なく、2塁へ進もうとしているかどうかで判断されます。

追い越し

後ろのランナーが前のランナーを追い越した場合は、追い越した後ろのランナーがアウトとなります。

帰塁

❶進塁する際は、1塁、2塁、3塁、本塁の順に進まなければいけないとされていますが、戻る際にも逆順で各塁に触れて帰らないといけません。少しでも早く元の塁に戻ろうとショートカットしてベースを踏まなかった場合、守備側のアピールによってアウトとなってしまいます。

❷打者の打ったボールがファールになった時、ランナーは一度元の塁に戻らなければいけませんが、途中の塁は踏まずに戻っても構いません。

❸ピッチャーの牽制でアウトにならないよう元の塁に触れることも帰塁

といいます。手でベースに触ることが多いのですが、ベースが固定されている場合、突き指などで怪我をしないように注意しなければなりません。

逆を突かれる

離塁している際に、盗塁をしようと2塁のほうへ体重をかけたときに、ピッチャーが牽制をしてきて、戻るのが一瞬遅れることです。さらにリードが大きく、逆を突かれた場合、牽制アウトにつながります。第二リードが早い場合にもよく起きる動きです。ボールやピッチャー、キャッチャーの動きをしっかり見て、思い込みで動かないようにすることです。

ゴロゴー

ランナーが3塁にいるとき、打球が転がったのを確認したら、ホームに向けて走ることを言います。ギャンブルスタートはボールとバットが当たった瞬間にスタートを切ります。

三盗

「サードスチール」とも言い、2塁から3塁へ盗塁すること。キャッチャーから塁までの距離は、2塁よりも3塁のほうが近いため、アウトになる確率も高くなります。ピッチャーの牽制は身体をひねらないといけませんし、右バッターだとキャッチャーも投げにくいので三盗のチャンスです。

残塁

攻撃の時にランナーを出したものの、スリーアウトとなり、塁に残ってしまうこと。満塁のままチェンジになったら残塁は3つとなります。ヒットは打つものの決定打に欠けると残塁が多くなります。

スコアリングポジション

「得点圏」ともいい、ヒット一本で一点入るというポジション、つまりは2塁か3塁にランナーがいることを指します。少年野球では外野の間を抜かないとなかなかヒット1本で2塁ランナーがホームまで帰ってくることはありません。

スタート

ランナーが走りだすことですが、スタートがいいと、一つ先の塁へ到達する可能性が高まります。自分で判断したり、ランナーコーチ、またはベンチの指示で思い切りよくスタートしましょう。

ランナーが詰まっていたり、満塁の際は、自動的に走らないといけません。

スチール

盗塁のこと。アウトにならなければ盗塁が記録され、アウトになった場合は盗塁死と記録されます。少年野球の低学年の場合、キャッチャーがよほどしっかりしていないとバンバン走られてしまいます。

スライディング

塁へ入っていく方向に向け、滑り込むこと。足から滑ることで、ベースを通り過ぎることなく止まるための技術。

3フットライン

一塁線の途中から3フィート(約91.4センチ)のところに書かれた線のことで、そのエリアを3フットレーンと言います。約3足分の足の長さに由来するとも言われています。1塁付近で守備側のプレーがされているときは、このエリアをはみ出して野手の邪魔をした場合、守備妨害と判断され、バッターはアウトになってしまいます。

走塁妨害

「オブストラクション」ともいい、野手がボールを持っていない時、またはボールを処理する行為をしていない時にランナーを邪魔すること。ランナーは進塁が許されます。

第二リード

ピッチャーが投げる際にランナーがリードを取ることを第一リードと言いますが、ピッチャーが投げた後に、さらに大きくリードすることを第二リードと言います。たった数歩かもしれませんが、ギリギリのプレーでは大きな差となります。ただし、あまり出すぎると、キャッチャーから一塁にボールが送られ、アウトになりかねません。

タッチアップ

フライが上がった際に一度帰塁（リタッチ）し、相手が捕球したことを確認してから進塁すること。捕球よりも前にスタートした場合、相手からのアピールプレーによってアウトとなる。

ダブルスチール

二人のランナーが同時に盗塁することで「重盗」とも言います。ランナー1、3塁の場合は、3塁ランナーは動かず、1塁ランナーがスタートし、キャッチャーが1塁ランナーを刺そうと2塁へ投げる間に3塁ランナーがスタートすることもある。

ディレードスチール

相手選手の隙を突いて盗塁すること。キャッチャーがピッチャーへ返球する際に走ることもあり、相手が油断しているときにチャンスが訪れる。ただし、うまく隙を突かないと簡単にアウトになってしまう。

二盗

1塁ランナーが2塁へ盗塁すること。「セカンドスチール」とも言います。少年野球では、足の速い選手は、塁に出たら2塁まで簡単に走ることが多いです。

ハーフウエイ

1塁と2塁の間、2塁と3塁の間、そして3塁と本塁の間のことを指します。フライを捕った場合、元の塁に戻らなければいけませんが、判断がつかない場合、少しでも早く次の塁へ行くためハーフウエイでボールの行方を見ます。ボーっとしてベース上で打球を追っている選手は監督によく叱られています。

ヘッドスライディング

文字通り「頭からスライディング」すること。指先から突っ込むため怪我が心配なのであまりすすめられるプレーではありません。気持ちの入ったプレーですが気をつけること。

ホームスチール

本塁へ盗塁を試みることで、「本盗」とも呼ばれます。投球と当時に走るのはなかなか成功しませんが、キャッチャーがピッチャーへ返球する際にホームを狙う本盗もあります。

リード

「離塁」のことで、次の塁へ進むのに、一歩でも有利になるよう塁を離れます。ただし、離れすぎると牽制でアウトになるので、自分のセーフティーリードを知り、あとはピッチャーの牽制などを見極めて大きくしたり、小さくしたりします。

しゅび【守備】

堅い守備（守備が上手）はピッチャーを助け、点を与えないことでチームを勝ちに近づけることができます。それには練習が大切になるのです。練習でできないことは試合でもできないと考え、緊張の場面でもいつも通りを目指しましょう。

アピールプレー

タッチアップの際に、捕球よりも早く塁を離れたときや、ランナーがベースを踏み忘れたことに気づいたりした後に、野手がランナーの体や塁にタッチして審判にアピールすること。認められた場合はアピールアウトとなります。ただし、次のプレーが行われる前にアピールしないと権利が消えてしまいます。

イレギュラー

ボールが思っていない方向に跳ねるイレギュラーバウンドのこと。グラウンドの状態がよくないと頻繁に起こる。イレギュラーに対応するためにはグローブのハンドリングが重要です。

一歩目

打った瞬間に打球の方向や強さを判断して、スタートを切る際の反応のことで一歩目がいいと、ボールへの対応がより素早くなります。

インターフェア

プレーを妨害することで「打撃妨害」と「守備妨害」があります。打撃妨害はキャッチャーがバッターに触れてしまうことがあり、アウトとなります。

インフィールドフライ

「ノーアウトまたはワンアウト」で「ランナー1・2塁か満塁」のときに打球が内野フライとなり、審判員が「内野手が捕球できる」と判断したときに宣告するもの。捕球できなくても「バッターアウト」となる。守備側がわざと落球してダブルプレーを狙うことを防ぐためのルールです。気を付けることは宣告後もインプレーであること。

お手玉

ボールを捕りそこなって慌ててしまい送球するまでに時間がかかってしまうこと。あたふたとお手玉で遊ぶかのようなのでこう呼ばれています。

お見合い

フライなどを複数の選手で追いかけ、それぞれが譲り合ってしまい誰も撮らず、ヒットにしてしまうこと。アッと思って、グローブを出しても遅く、後悔してしまうプレーです。監督が嫌うプレーのひとつ。練習から声を出すよう心がけましょう。

肩が強い

ボールを勢いよく遠くまで投げられることを指す。鍛えて強くなる選手もいれば、最初から強く「地肩が強い」などと呼ばれる選手もいます。肩が強いと言われると嬉しいもの。でも調子に乗って投げすぎ、怪我をしないように注意です。

カバー

空いているベースに入って捕球するベースカバーや、悪送球に備え、進塁を最小限に止めるためのバックアップのこと。次の動きを考えていないとカバーを忘れてしまう。試合に集中していないといけません。

隠し球

ランナーに気づかれないように野手がボールを隠し、ランナーが塁を離れた隙をついてタッチアウトにするプレー。その際、ピッチャーはプレートについたり、キャッチャーとサインのやりとりをするとボークとなってしまいます。

体で止める

監督やお父さんが小さい頃から習ってきた捕球の際、正面に入ることを伝える言葉。エラーしても後ろに逸らさないのでアウトにできるかもという意味も込められています。ただし、当たったら痛いのでグローブで捕球するに限ります。

カットマン

外野の後ろへ飛んだボールを中継プレーで返球する際に、距離が長いとボールの勢いがなくなるので間に入ってボールを受け、次の野手へ投げる選手のこと。ボールを返す塁まで一直線になるのが理想です。

空タッチ

ランナーへタッチしようとしたが届かず、タッチできずにセーフを与えてしまうこと。ランナーを追うようにタッチに行く際に起こりやすいプレーです。

逆シングル

グローブを利き手の反対側に出して、片手でボールを捕ること。バックハンドキャッチとも言います。決まるとカッコいいプレーでもあります。

キャッチャーボーク

キャッチャーは、決められたエリアであるキャッチャーボックス内でボールを捕らないといけません。敬遠の際にのみ適用されるので、スクイズを防ぐために大きく外した場合は、ボークにはなりません。

グラブトス

グローブで捕球した後、手に持ち替えずに、そのままグラブでトスするように送球すること。

グラブの先っぽ

文字通り、グローブの先っぽで捕球することで、アウトにできれば、ベンチからも思わず「あっぶねー」と声が上がります。落としてしまうと……相手にラッキーなヒットを与えることになってしまいます。

ランダウンプレー

いわゆる「挟む」「挟殺」と言われるプレーで、進塁する先に野手がボールを持った際、ランナーが戻ることで始まります。元の塁のほうでアウトにするのが基本ですが、少年野球では何度も往復したり、エラーして得点が入ったりと、ドキドキさせられるプレーです。

クロスプレー

野手とランナーがベース上などで接近するプレーで、判定が微妙なケースのこと。アウトにしようとする野手と、それをかわそうとするランナーが激しくぶつかることもあります。

故意落球

ノーアウト・ワンアウトで1塁にランナーがいるケース（1・2塁、1・3塁、満塁）、内野フライのときに野手がボールに触ったあと、わざと落としたと審判が判断した際に宣告されます。落球してもバッターはアウトになり、ランナーは進塁することができません。ボールデッドとなります

さばく

野手がゴロを捕って1塁に送球した際によく使われる言葉。外野フライなどで使われることはあまりありません。「内野ゴロをうまくさばいた」と言われると何だかカッコよく聞こえます。

ジャックル

「お手玉」と同じで、ボールをうまく捕球できず、グローブの中で弾ませてしまうこと。

守備妨害

ランナーが打球を捕りに行く野手をよけなかったり送球を故意に邪魔することなどは守備妨害になります。また、打球が当たった時も同様です。

ショートバウンド

「ショーバン」と略されますが、ボールが捕る直前にグラウンドに落ちて小さく、強く弾むことを言います。難しいように見えますが、バウンドさえ合わせれば差し出すだけでグローブに入ってくるので捕りやすいとも言えます。

シングルハンドキャッチ

グローブをした手だけでボールを捕ること。お父さんたちの小さい頃は、どんなボールでも「両手で撮れ」と指導されてきましたが、近年は基礎的なことを理解したならば状況に応じて片手で捕ることもOKと言われています。

前進守備

ランナーが2塁や3塁にいるような場面で失点を防ぐ目的で、サードやファースト、外野などを前に守らせる守備体形のこと。強い当たりや外野の頭を越えるような当たりをされるとダメージが広がってしまう危険があります。

センターライン

グラウンドの真ん中を守るキャッチャー、ピッチャー、二遊間（セカンド・ショート）、センターのこと。バッテリーだったり、守備の広さを要求されたり、よく野球を知っている選手が配置されます。

タッチ

野手がボールを持ち、ランナーに触れてアウトにすること。タッチが先ならアウト、ランナーの足が先にベースに触れればセーフになります。タッチの際、野手は審判に大きなゼスチャーをしてアピールします。

トンネル

野手がゴロをグローブで捕球することができず、股の間を抜けていくことです。グローブの位置が低くできず、その下を通過することが多く、監督からは「腰が高い！」と叱られます。野手にとって最も恥ずかしさを感じてしまうプレーです。

パスボール

ピッチャーの投げたボールがキャッチャーの捕れる範囲に来ているのに、捕球できず、ランナーが進んでしまうこと。「捕逸」とも呼ばれます。ワイルドピッチ（暴投）と間違えやすいプレーでもあります。

ファインプレー

「好プレー」とも言われ、飛び込んでキャッチしたり、難しいゴロをギリギリでアウトにするプレーです。ＹｏｕＴｕｂｅなどではファインプレーばかりを集めた動画があり、子供たちはそれを見ては、練習の際に真似をしようとしますが……。すべてのファインプレーは基本ができた上でのプレーなのです。

ファンブル

グローブに入ったボールを落としてしまうことで、「お手玉」と同じ意味になります。ファンブルしても慌てず処理すれば、1塁でバッターをアウトにすることができます。

フィルダースチョイス

「野手選択」「野選」と呼ばれるもので、ゴロを捕った野手が、1塁でバッターランナーをアウトにできる状況なのに、ほかのランナーをアウトにしようと1塁以外に送球し、結果的にひとつもアウトが取れないことです。バッターはヒットとは扱われません。

ボールが手につかない

内野手がエラーをした

際に使われる言葉ですが、「ポロポロしている」と同じ意味を持ち、なんだかうまくいかない日はまったくボールが手につかず、エラーを連発し落ち込むことも。

ボールデッド

ファールやボーク、タイムなどによりプレーが停止した状態のことを言います。フォアボールはインプレーですが、デッドボールはボールデッドになります（ややこしいですね）。つまりフォアボールでキャッチャーがボールを逸らした場合は、2塁を狙えますが、デッドボールのときは、バッターは1塁までしか行けません。

目を切る

プレー中にボールから目を離すことを言います。外野フライでは落下地点を予測し、一度ボールから目を離して追いかけることがありますが、少年野球ではなかなか高度なテクニックなので、あまり見られません。ヒットの後、ボールから目を離し、ベースに付かずに喜んでいてアウトにされるようなときも「目を切っていた」として叱られます。

落下点

フライなどでボールが落ちてくるエリアのことです。外野手はいち早く落下点にたどり着き、ボールが落ちてくるのを待つことが求められます。そのためには、判断よく一歩目を切ることが重要です。帽子のツバより上ならフライ、下ならライナーで、スイングと打球音などから判断してスタートを切ります。ボールに合わせて走るのではなく最初の5歩をダッシュする癖をつけましょう。

両手で捕る

かつては、「正面で捕りなさい」「両手で慎重に捕ること」と指導され、野球の基本だと言われてきました。グローブで捕ってからすぐに送球するという意味では、大事なことです。ただし、すべてのボールを両手で捕らないといけないという風潮ではなくなりました。

るーる【ルール】

野球は一定のルールのもとに試合が進行します。細かいルールを挙げると、とてもこの章では収まりきらないので、主なものをピックアップしました。お母さんはスコアを付けることになるかもしれませんので、ルールは早く覚えたいですね。

アウト

打者のアウトと走者のアウトがあり、バッターが打席にいる権利やランナーが塁にいる権利を規則によって除外されることを言います。3つアウトを取ることで攻守交替「チェンジ」となります。

アピールアウト

守備のチームが攻撃しているチームの規則違反を審判に主張し、認められてアウトになること。ベースを踏み忘れたり、タッチアップのスタートが早かったりしたときには、審判に告げる「アピールプレー」をすることで判断されます。

イニング

3アウトを取られるまで行う攻防のことで、少年野球は7回、リトルリーグは6回と規定されています。

延長戦

規定の時間やイニングを終えても決着がつかないときに試合を続けること。少年野球の場合は、ノーアウト満塁などによ

E ヒットかエラーかは公式記録員が付けます。「え、あれがエラー？」なんてクレームはつけないこと。
H 点灯するとヒットを示します。エラーよりもヒットがほしい！
B ボールを表示。3ボールになるとフォアボールが気になってきます。
S ストライクを表示。早く二つ点灯させることでピッチャー有利に勝負できます。
Fc フィルダースチョイスの表示。ヒットやエラーと区別されます。
O アウトの数を示します。アウトカウントによって作戦が変わります。常に頭に入れておきます。
B
S
O
H
E
Fc

ストライクゾーン

バッターの肩の上部とユニフォームのズボンの上部との中間点に引いた水平のラインが上限、膝頭の下部のラインを下限とし、ホームベース上の空間がストライクになります。高さは、バッターが打つ際の姿勢で決まります。また、ボール全体が通過しなくても、わずかにストライクゾーンをかすめればストライクになります。

る「タイブレーク」で決着をつけます。

押し出し

一般的には、満塁でフォアボールやデッドボールによりバッターが1塁へ進むと全ランナーが1塁ずつ進むため1点入ることを言います。本来は、バッターに安全進塁権が与えられたときに、元のランナーに次の塁への安全進塁権が与えられることを言います。

カウント

「ボールカウント」のことで、ボールとストライクの数のことを言います。またアウトの数は「アウトカウント」と言います。試合中、常に頭に入れておかないといけません。

敬遠

「故意四球」のことで、打ちそうなバッターとの対戦を避けて、次のバッターと勝負します。キャッチャーが立ち上がって捕球する場合と、座りながらも明らかなボールを投げて敬遠する場合があります。

コールドゲーム

規定のイニングに達したときに決められた点差以上離れている時や、雨、日没で試合が続けられないと審判が判断したときに宣言されます。少年野球では、しばしばみられます。

サヨナラ

後攻のチームが最終回

に点数を入れて勝つ試合のことで、回が完了していなくても試合は終わりになります。「サヨナラゲーム」とも言い、チームの盛り上がりは最高潮。お父さんお母さんもハイタッチで喜び合います。

三振

バッターが3つのストライクをとられることです。空振り三振、見逃し三振のほか、スリーバント失敗も三振と記録されます。

スイングアウト

空振りをして三振をすること。

セーフ

バッターやランナーがアウトにならず、塁に残ったり、ホームに生還することです。「生きる」意味がありますので、エラーをしたのに監督に叱られなかったときにも「今日はセーフだ」などと使うこともあります。

タイム

審判が試合を一旦止めることを言います。選手の靴紐を結びなおすとき、ピンチの場面で監督がマウンドに行くときなどに「タイムお願いします」を言います。

チェンジ

3アウトを取ったら攻撃と守備を交代すること。イニングの間は、投球練習や守備のボール回しなどを行います。

タッチアウト

野手がランナーにタッチしてアウトにすること。ボールを持った手でタッチしなければいけません。進塁の義務がないランナーにはタッチが必要となります。

ファール

「ファールボール」のことで、ホームベースから1塁と3塁を結ぶ線の内側であるフェア地域に入らなかった打球です。大きなファールを打った後に三振すると「三振前の大当たりだったな」と言われてしまいます。

フェア

「フェアボール」のことで、フェア地域に打球が入ること。1塁と3塁を越えないファール地域に転がったとしてもフェア地域に戻ってきたらフェアボールとなるなど細かく決められています。ボールが止まるまでは確定しません。

フルカウント

ボールカウントが3ボール、そして2ストライクになったときのこと。2アウトでフルカウントになった場合、ランナーはピッチャーが投げたと同時に走ります。

ボール

ピッチャーが投げたボールがストライクゾーンを通過しなかったときの判定。デッドボールでもバッターが避けようとしなかったと判断された場合はボールになります。

ボールインプレー

審判が「プレー」を宣告するとボールインプレーとなります。「タイム」がかかるか、ボールデッドで試合が止まるまでは、ボールインプレーが続きます。

ボールデッド

審判が「タイム」を告げたり、ファールになったりすると試合を一旦止めることを言います。この間に起きるプレーは無効になるのでアウトになったり得点も入りません。

捕球

グラウンドやフェンスなどに触れていない打球をグローブや手でしっかりとつかむこと。ボールが体に当たったり、仲間のグローブを弾いたものでもグラウンドに触れずに捕ったとしたら捕球となります。

リタッチ

フライやライナーが上がり、野手がキャッチした場合、ランナーは元いた塁までもどって、触れなおさないといけません。リタッチの義務と言いますが、一度ベースに触れたら、次の塁へ進むことができます。また、ファールになりボールデッドとなった時に一度元の塁へ戻ることもリタッチといいます。審判はリタッチを確認するまでプレイにできません。

ひっと【ヒット】

少年野球で一番憧れるのがヒットを打つこと、そしてホームランをかっ飛ばすこと。そのために毎日素振りをし、お父さんと一緒にバッティングセンターに行くのです。ヒットにもいろんな種類がありますので見ていきましょう。

HIT シングルヒット

バッターが打って、1塁まで行くヒット。「単打」「ヒット」とも言います。ヒットをたくさん打つ選手のことを「安打製造機」とも言います。日本のプロ野球の安打記録は「喝！」で知られる張本勲さんの3085本、イチローさんは日米通算4367本ものヒットを打っています。

HIT ツーベースヒット

「2塁打」「ツーベース」ともいい、打った選手が2塁まで行くヒットのこと。日本記録は立浪和義さんの487本です。

HIT エンタイトルツーベース

グラウンドに打球がバウンドし、外野のフェンスを越えたときに2つ先の塁へ進むことができます。よってバッターは2塁打となります。「エンタイトル」「エンツー」などと略されることがあります。少年野球でも小さな球場では十分に可能性があります。

HIT スリーベースヒット

「3塁打」「スリーベース」と呼ばれ、バッターが一気に3塁まで行くヒットのことを言います。大きく、深い当たりを打ち、サードまで走る走力も必要です。プロ野球記録は福本豊さんの115本。

HIT ホームラン

野球選手ならだれもが

憧れるのがホームラン。外野のフェンスを直接超える当たりなので、ゆっくりとダイヤモンドを一周する優越感も味わえます。

ランニングホームラン

略称で「ランニング」とも呼ばれ、打ったバッターがアウトにならずダイヤモンドを一周して帰ってくることを言います。少年野球では、フェンスを越えるホームランよりランニングホームランのほうが多いです。ランニングは次の塁を狙う姿勢と加速が大切です。

強襲ヒット

強い当たりを打ち、野手のグローブを弾いたり、体に当てて落としている間に一塁に到達するヒット。

内野安打

ボテボテの当たりなどで内野手が捕球したのにバッターランナーが1塁でセーフになること。少年野球ではたとえ捕球したとしても送球の力が弱く、内野安打になるケースがかなりあります。

クリーンヒット

内野の頭を越えるような見事な当たりのヒット。ボテボテの内野安打も、クリーンヒットも記録上は同じヒットですが、気持ちよさはクリーンヒットのほうが格別です。

バントヒット

バントで内野に転がし、セーフになるヒットのこと。セーフティーバントで成功したときに使う。

テキサスヒット

ピッチャーからしたら打ち取ったようなフライが内野と外野の間に落ちるヒットのこと。アメリカのテキサスリーグの選手がしばしば打ったことからこう呼ばれています。

ポテンヒット

テキサスヒットと同様の意味で、「ポテン」と略されることもあります。打たれた感じがしないので、実に悔しいヒットです。

タイムリーヒット

「タイムリー」「適時打」と呼ばれ、ランナーをホームへ帰すヒットを指します。当然、得点が入るわけですからベンチは盛り上がり、バッターはガッツポーズが出ます。お父さんもお母さんもうれしいヒットです。

あうと【アウト】

野球は1イニングに3つ、少年野球では7回までなので21個のアウト、リトルリーグは6回なので18個のアウトを取ればいいのですが、打たれたり、エラーをしたりと思うようになりません。アウトにもいろいろな種類があります。ルール上はもっと複雑なアウトもあります。

インフィールドフライ

36ページ【インフィールドフライ】参照。

空振り三振

2ストライクから空振りをして三振すること。「スイングアウト」とも言います。監督からは「見逃しするくらいなら空振りでもいいから三振してこい」と言われます。振る勇気は普段の素振りから生まれます。

ダブルプレー

「ゲッツー」「併殺」とも言います。1つのプレーでアウトを2つ同時にとることですが、ピンチを救う大きなプレーとなります。確実なステップと捕球、送球が必要です。

ゴロアウト

内野にゴロが転がり、野手がうまく処理をしてアウトにすることです。少年野球の場合、外野の守備位置が浅いのでライトゴロが多く見られます。また稀にセンターゴロもあります。

刺す

ランナーをアウトにすることを言います。

三者凡退

1イニングで打席に立ったバッターが誰も出塁できずチェンジになること。三者凡退は相手に勢いを付けさせてしまいます。

三タコ

3打数ゼロ安打のこと。4打数ゼロ安打なら4タコ。

スリーバント

50ページ【スリーバント】参照。

守備妨害

39ページ【守備妨害】参照。

タッチアウト

野手がランナーにタッチしてアウトにするプレーで、進塁の義務がないランナーはタッチしないとアウトにできません。そして、ボールを持っている手でタッチしなければなりません。

トリプルプレー

1つのプレーで3つのアウトを同時にとること。「三重殺」と呼ばれ、ノーアウトで二人ランナーが出ているピンチから一転してチェンジになります。プロ野球でも数年に1回しか出ない珍しいプレーです。ノーアウト1・2塁で3塁線の強いサードゴロの時にトリプルプレーのチャンスがあります。

フォースアウト

進塁の義務が生じるランナーが次の塁を狙うとき、それよりも早くベースにボールを送ってアウトにすること。ランナーにタッチ、またベースに身体の一部が触れてアウトにします。

フライ

「飛球」とも呼ばれ、ボールを高く打ち上げた打球のこと。グラウンドに落ちる前に捕球すればアウトとなる。その際、ランナーは元にいた塁に触れなおすリタッチの義務があります。

振り逃げ

三振した後にキャッチャーが正しく捕球できなかった際に、バッターが1塁へ進む権利が与えられます。バッターランナーより早く1塁へボールが送られればアウトになります。ただし記録上は「三振」です。

ポップフライ

力なくポンと小さく飛んだ凡フライ。

見逃し三振

バットを振らずにストライクをとられた三振。

ライナー

グラウンドに触れず、勢いよく直線的に飛んでくる打球のこと。捕球すればアウトになります。ライナーか、フライか微妙なときもあります。

ラインアウト

ランナーは塁間を結ぶラインを中心に91・4センチが走路と決まっています。それを大きく超えた場合はアウトになります。

ばんと【バント】

手を離してバットを持ち、軽く当てるようにして内野に転がすのがバント。ランナーを進めるときに行うプレーです。ファールになるとストライクがひとつ増えますし、ボールの際はバットを引かないとストライクになります。

MEMO

プロ野球におけるバントの世界記録は日本人の川相昌弘さんの通算533でギネス記録にもなっている。

バントのコツ

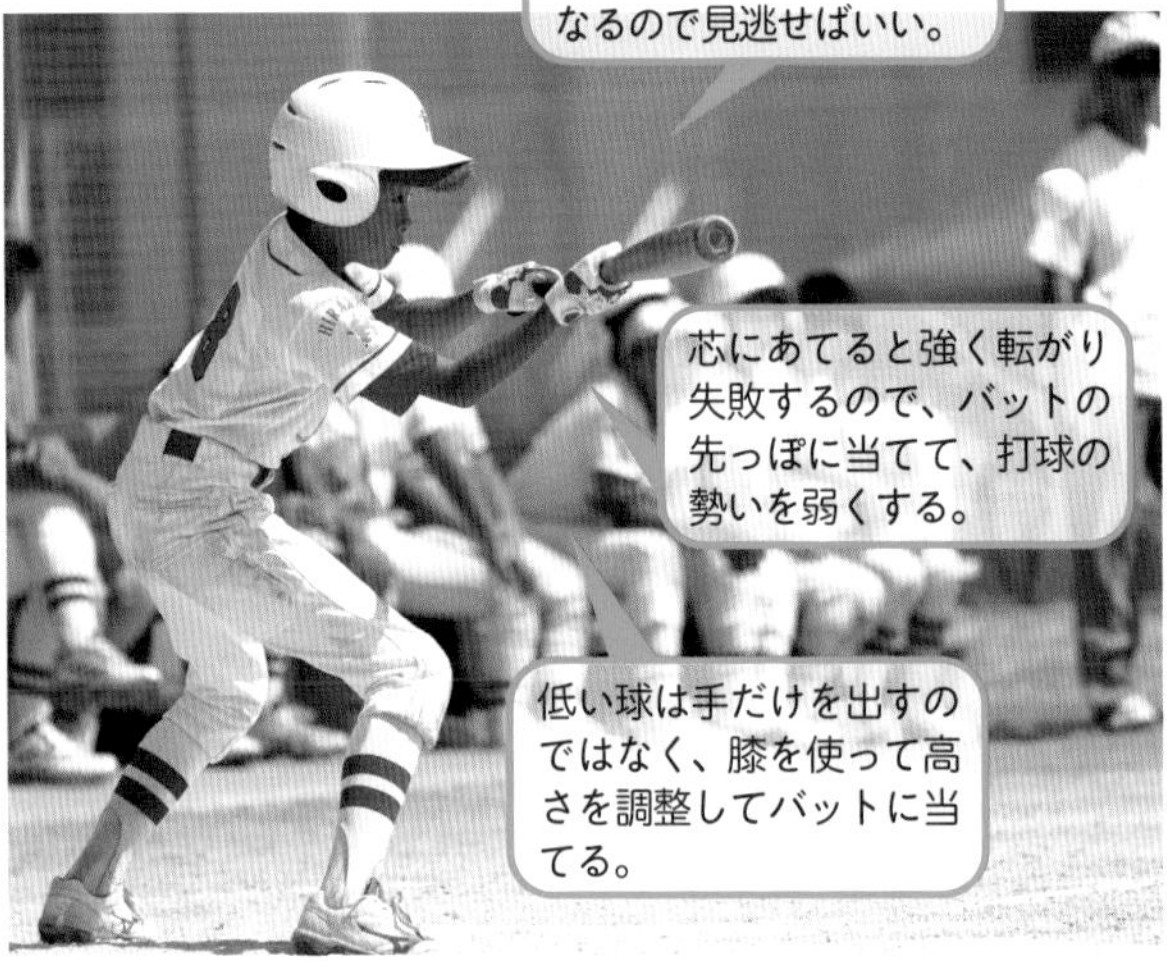

ストライクゾーンの高めにバットを構える。これより高いものはボールとなるので見逃せばいい。
芯にあてると強く転がり失敗するので、バットの先っぽに当てて、打球の勢いを弱くする。
低い球は手だけを出すのではなく、膝を使って高さを調整してバットに当てる。

送りバント

バッターがアウトになる前提でランナーを進塁させるために行うバント。ピッチャーが投げる前からバントの構えをしてきっちりボールを転がすようにする。犠牲バントとも呼ばれ、成功すると犠打として記録されます。私は犠牲ではなくチームに貢献してくれたので貢献バントと呼んでいます。

スリーバント

2ストライクから行うバント。失敗すればアウトになるので少し緊張するプレー。

セーフティースクイズ

バントしていいところにボールが転がったのを見て3塁ランナーがスタートを切るプレー。近年はスクイズよりこのセーフティースクイズのほうが多く使われることも。

セーフティーバント

状況が膠着状態の時などに、バッターが内野安打で出塁するために行うバント。足の速い選手が行うとセーフの確率が高

まります。内野の守備位置が深いときなどを見計らってサインが出ることもあります。

ドラッグバント

1塁方向へ走り出しながらセーフティーバントをするプレー。意表を突くプレーなのでうまく転がせたらセーフになる確率は高いが、バットに当てにくいので技術が必要になります。

バスター

バントの構えをしておきピッチャーの投球に合わせて、構えを戻して打っていくこと。前進守備の裏をかくプレーで成功するとチャンスが広がり、チームも盛り上がります。

バスターエンドラン

バントの構えをして内野手が前進してきたのを見て打ちに行きますが、その際にランナーがスタートします。成功すればー気にチャンスが広がります。ゴロを打つことが鉄則です。

バントシフト

バッターがバントをしてくると読んだら、1塁手と3塁手が前に出てきて、バントに備える守備体勢のこと。バントの構えをしたら投球に合わせて前にダッシュすることでバッターへプレッシャーをかけられます。

プッシュバント

ボールに当たる際、バットを押し込むようなイメージで強めに転がすバント。バントの構えを見て前に出てきた野手の頭を超えたり、守備の隙間へ転がすことでセーフを狙います。狙い目はファーストとピッチャーの間。セカンドが1塁カバーに行くのでそこにスペースができるからです。

スクイズ

3塁にランナーがいる際に行うプレーで、投球と当時にランナーが走り、ホームインの確率を高めるバント。相手チームに読まれて、ボールを外されることもありますが、ランナーが飛び出しているのでなんとかバットに当てるようにします。

べんちのこえ【ベンチの声】

ベンチでは監督やコーチ、選手などからさまざまな言葉がグラウンドの選手に投げかけられます。まさに「野球用語」なので、意味が分からないと何を言っているのさっぱり……ということもあります。実際にかかる声をいくつかピックアップしてみました。

甘い球だな

ど真ん中や高めなどバッターが打ちやすいところにボールを投げること。

歩かせていいぞ

相手チームの好調なバッターを迎えたとき、勝負に行くと打たれる可能性が高いと判断したら、フォアボールでもいいから大きな当たりを打たれないようにという意味です。

球が荒れているな

ピッチャーのコントロールが悪く、どこにボールがくるかわからないこと。荒れ球とも言います。その日の調子によっては修正できず、フォアボールを連発することもありますが、荒れ球が功を奏し打たれないこともあります。

イージーだ

簡単に捕れそうなゴロやフライのこと。これを落球すると監督に怒られ、本人も大きく落ち込むことがあります。

インパクトを大事に

インパクトとはバッターのスイングしたバットとボールが当たる瞬間のこと。大事にというのは、当たるまでボールを見るよう意識させたり、より強い打球にするためしっかり振るようにすること。

打たせて取れ!

無理に空振りを狙うのではなく、相手にゴロやフライを打たせ、守備の力を使ってアウトを取る投球スタイル。技巧派投手、軟投などとも言い換えられます。

大振りだぞ!

ホームランのような大きな当たりを狙って、力いっぱいブンブンとバットを振り回すこと。大振りすると、打ち損じの確率も上がるので、ベンチから、この言葉が出た時は、スイングに気を付けるようにします。フルスイングとは意味が異なり、スイングを崩してしまうことにもなりかねないので注意。

置きに行くな!

ボールにしたくないので、「スピードを緩めたり、コースを意識せずストライクゾーンへ無難な球を投げてしまうこと。腕が縮こまって、逆に打ちやすい球になってしまうことがあります。

重いボールだ

ボールの重量は同じなのに、打った時に力強く、重たく感じる際に使う言葉。いいピッチャーの投球を言うことが多い。

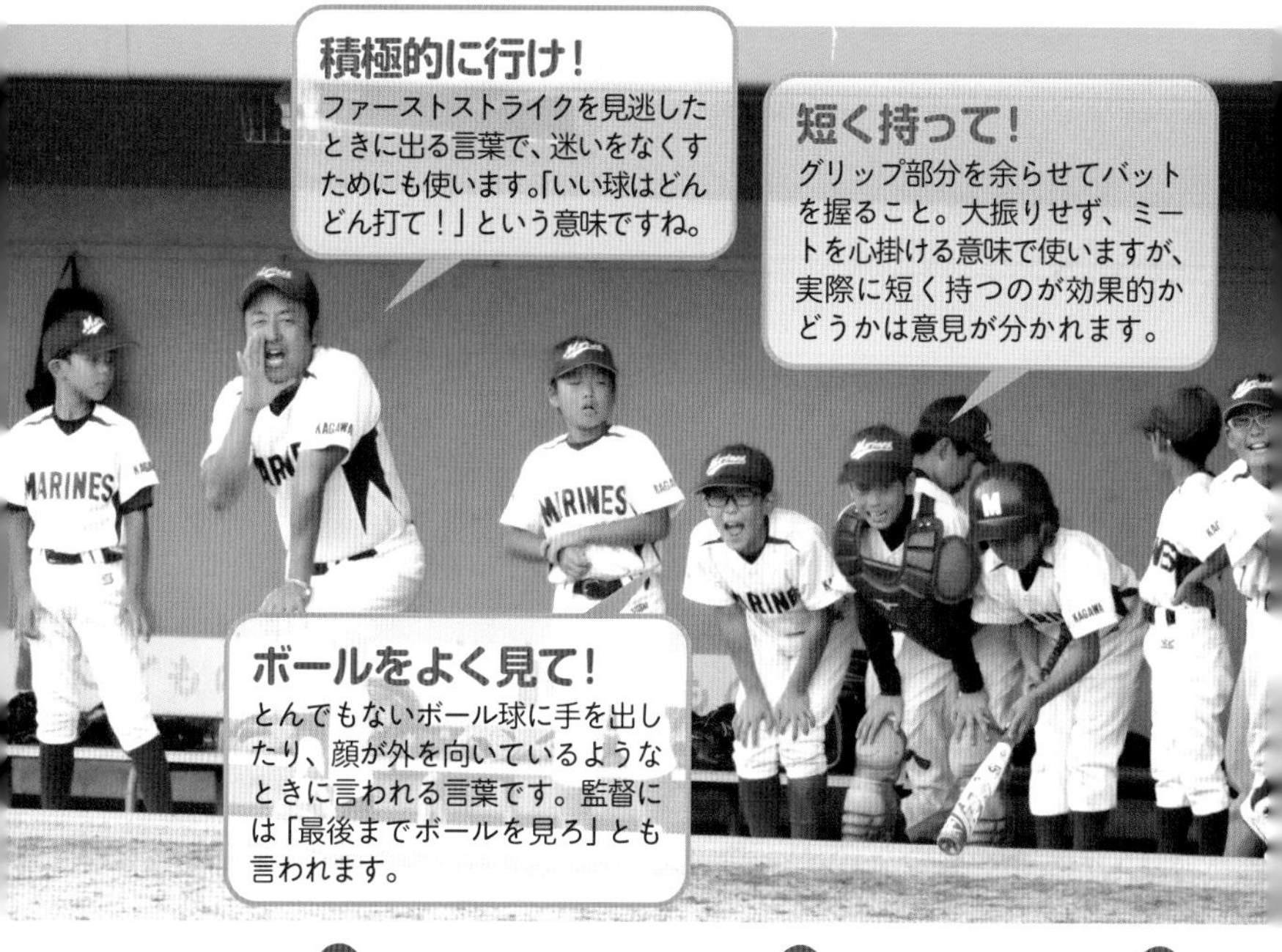

積極的に行け!
ファーストストライクを見逃したときに出る言葉で、迷いをなくすためにも使います。「いい球はどんどん打て!」という意味ですね。
短く持って!
グリップ部分を余らせてバットを握ること。大振りせず、ミートを心掛ける意味で使いますが、実際に短く持つのが効果的かどうかは意見が分かれます。
ボールをよく見て!
とんでもないボール球に手を出したり、顔が外を向いているようなときに言われる言葉です。監督には「最後までボールを見ろ」とも言われます。

泳がされたな

前のめりになってよろめくように打つこと。体の軸が崩されているので、ボールに力が伝わらず、凡打に終わることがよくあります。

緩急をつけろ!

緩=遅い球・変化球など、急=ストレート系であり、バッターのタイミングを外すためにうまく使い分けること。速い球を待っているときに緩い球が来ると、「泳がされる」ことになります。

気持ちの勝負だ!

弱気にならず相手に向かって行けという意味です。絶対に負けないという強い気持ちが大切。

キレがいいね～

ピッチャーの投げたボールにスピードがあり、バッターの手前で伸びてくること。または変化球の曲がりがいい時にも使われます。ピッチャーにとっては誉め言葉。監督に「今日はキレがいいな」と言われたら、調子がいいと思っていいでしょう。

くさい球

少年野球の選手のスパイクの中はものすごい臭いですが、手はそれほど臭くないので（笑）、ボールが臭いわけではありません。ストライクかボールか微妙なコースに来たときのことを指します。「くさい球はカットしろ」という指示が飛ぶことも。

コーナーに投げろ

ど真ん中ではなく、ストライクゾーンギリギリを狙うこと。まずはアウトローに投げられるコントロールを身に付けましょう。

コンパクトに振れ

大振りしている選手が言われる言葉。監督に言われたら、一度バッターボックスを外し、コンパクトを意識して素振りをすると気持ちを切り替えられるでしょう

先制するぞ

先に点を取ること。先に得点するとチームに勢いがつき、ピッチャーも楽な気持ちで投げることができます。

球が走っている

球速が速いこと。ピッチャーの投球に伸びがあったり、キレがいいときに言う言葉。調子の良さを表してもいます。

ナイスカット

2ストライクになって、ストライクかボールか見極められない時、ファールを打ってしのいで粘ること。小学生ではカットする技術を持つ選手は少なく、

ただのファウルを「ナイスカット！」とお母さんが間違えることも多い。

ナイセン

「ナイス選球眼」の略と言われています。つまり際どい投球をボールと見極めたときにかけられる言葉。「よくボールにした」と褒められていると思っていいでしょう。本当は手が出なかった（打てなかった）だけなのに、ウンウンとうなずいていると「ナイセン！」と言われることがよくあります（笑）。

伸びがいい

ピッチャーの投げたボールがバッターの手前で球速を落とすことなくキャッチャーのミットへ届くこと。打てないときに「相手のボール、伸びてます」と言い訳に使う選手もいます。

MEMO

ベンチに入れない親は観客席から観戦することになりますが、試合が始まったら親にできることは応援だけ。作戦を指示したり、守備位置を指摘するのは監督・コーチのやることです。相手チームにヤジすることなく、審判の判定に「エー」と不満を言うのでもなく、子供たちに元気を与える大声援をしましょう。きっと大きな勇気を与え、奇跡のプレーが飛び出します。

早打ち

初球からどんどん打ちに行くこと。積極的に打つと、「好球必打だ！」と褒められるのに、アウトになってしまうと「ボールを見極めろ」などと叱られます。ただし、ヒットになると攻撃のリズムが良くなるので、チームに勢いを与えることができます。

振り遅れ

相手ピッチャーの投げるボールが速く、スイングが遅れてしまうこと。対策はタイミングをいかに合わせるかというところです。

迎えに行くな

身体がピッチャーの側に突っ込んだ状態やインパクトのポイントが前になりすぎてしまうこと。凡打になりやすいので、自分のポイントで打つように指示する意味も。

さくせん【作戦】

野球はさまざまな戦術によって、チャンスを広げたり、ピンチを救うことができます。少年野球ではそれほど細かいプレーはありませんが、監督によっては高校野球でやるようなプレーを実践させていることもあります。

エンドラン

「ヒットエンドラン」の略。投球と同時にランナーが走り、バッターはそのボールを必ず打ちます。ヒットになれば、ランナーは一気に進み、チャンスが広がります。

オーダー

監督が打順や守備位置を決めることで、選手の力量を見極めたり、最近の試合の結果などを見て決定します。試合前にはオーダー表に記載し、提出します。

継投

ピッチャーを交代させることを言いますが、タイミングが重要。しかもこの判断によって試合の流れを変えてしまうこともあります。

後攻

最初に守備につき、イニングの裏で攻撃をすること。後攻のほうがサヨナラ勝ちの可能性があります。キャプテン同士がじゃんけんなどで勝負して、先攻か後攻かを決めます。

降板

ピッチャーがマウンドを降りて交代することを言います。反対語は「登板」です。

コンバート

チーム事情や本人の適性を見て守備位置を代えることを言います。少年野球ではたくさんのポジションを守れることが後の野球においてもいい影響を与えます。好き嫌いはあってもどのポジションでも一生懸命になって頑張りましょう。

サイン

チーム内で統一された手の動きによって声に出さずに次の作戦を伝える方法です。ピッチャーとキャッチャーはボールを投げるごとにサインを交換しますし、ベンチからはバントや盗塁といった作戦の指示を監督が出します。

勝負球

ピッチャーが一番得意にしているボールで三振やアウトを狙いにいくときに使います。

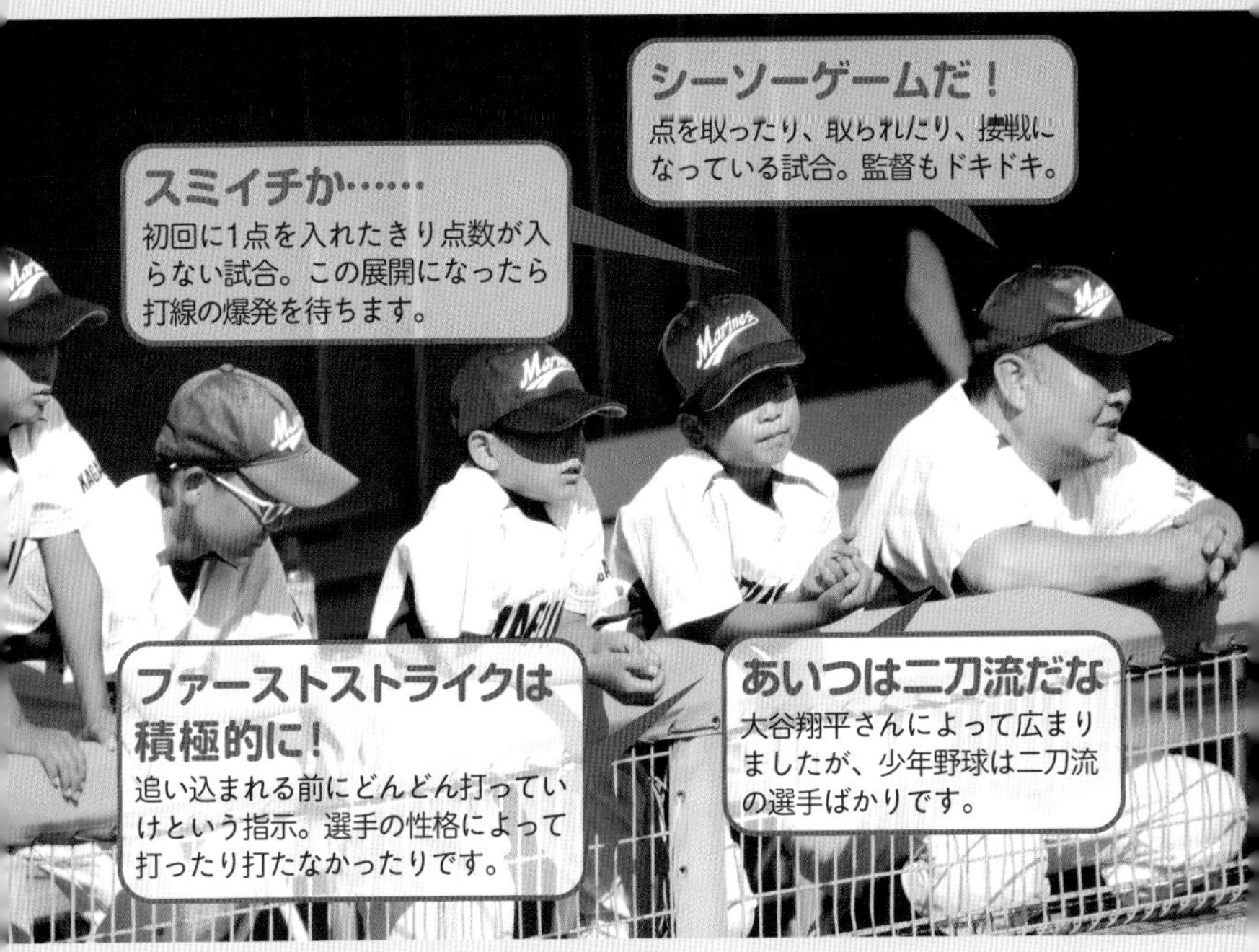

シーソーゲームだ！

点を取ったり、取られたり、接戦になっている試合。監督もドキドキ。

スミイチか……

初回に1点を入れたきり点数が入らない試合。この展開になったら打線の爆発を待ちます。

あいつは二刀流だな
大谷翔平さんによって広まりましたが、少年野球は二刀流の選手ばかりです。

ファーストストライクは積極的に！

追い込まれる前にどんどん打っていけという指示。選手の性格によって打ったり打たなかったりです。

スタメン

「スターティングメンバー」の略で、「先発メンバー」とも言います。みんなスタメンに選ばれたくて、一生懸命練習をしています。ベンチスタートの選手は「スタベン」とも呼ばれます。

先攻

イニングの先に攻撃し、裏で守ることを言います。先攻は不利という人もいますが、一気に点数をあげて勢いをつけると考えることもできます。

続投

ピッチャーを替えずにそのまま投げさせることです。疲れが見えてきた場合、替え時が難しいので監督の判断力が問われます。

ピックオフ

ピッチャー、キャッチャー、野手がひとつの合図によってランナーの隙をついて牽制すること。少年野球では、2、3塁のときにセンターがセカンドの牽制に入り、三塁ランナーをおびき出し、ランダウンプレーに持ち込むというケースがよく見られます。

ランエンドヒット

投球と同時にランナーが盗塁を試みますが、バッターはヒットエンドランと違い、ボールだったら見逃すこともあります。ヒットになったらチャンスが一気に広がってくる攻撃です。

せいせき【成績】

チームによってはお母さんがスコアをつけていることが多いようです。スコアは記録を知るためにも必要ですがスコアを見て記憶を呼び起こすこともできます。成績は大切ですがあまり気にしすぎると結果だけを考えてしまう選手になってしまうので気を付けましょう。

OPS

OPSは「On-base plus slugging」の略で、最近になって用いられるようになってきました。バッターの成績を評価するもので、出塁率と長打率を足した数字で、高いバッターほど得点の機会を作っていることになります。その数値によってランク付けされています。

サイクルヒット

一人の選手が、一試合でヒット、ツーベース、スリーベース、そしてホームランを各1本以上打つことです。ホームランとスリーベースが早いうちに出ると記録達成が期待できます。

自責点

ピッチャーの責任である失点のことを言います。チームメイトのエラーなどではなく、ヒットやフォアボール、送りバントなどで進塁したランナーが得点したときに自責点となります。ピッチャーが代わっても、前のピッチャーに自責点がつくこともあります。

首位打者

打率がもっとも高いバッターのことで、チームの卒団式で表彰されることもある栄えある成績。少年野球では5割を超える子供もいます。

出塁率

(ヒット+フォアボール+デッドボール)÷(打数+フォアボール+デッドボール+犠牲フライ)で計算されるもので、出塁する割合を示します。プロ野球では落合博満さんの4割8分7厘がシーズ

ン記録ですが、少年野球ではもっと高い数字になる選手がたくさんいます。

打数

打席数からフォアボール、デッドボール、送りバント、犠牲フライ、打撃・走塁妨害の数を除いたもので、打率や長打率などの成績を計算する際に用いられます。

打席数

バッターが打撃を行った数で、アウトになるか塁に出た場合の記録です。途中で代打を出されたり、ランナーが盗塁でアウトになったときなどは記録されません。

打点

バッターがヒットや犠牲フライ、フォアボールやデッドボールによる押し出しなどでランナーを返すか、ホームランにより自分であげた得点のこと。打点の多いバッターはチャンスに強く、チームでも信頼されます。プロ野球の記録は王貞治さんの通算2170打点。

打率

安打数÷打数で計算される数字で、バッターがヒットを打つ確率です。5割だったら2回に1本の確率でヒットを打つということになります。バッティングアベレージとも言います。打ちすぎる選手は驚異の7割越え、なんてこともあります。

得点

❶ホームへ生還するごとにチームに記録される点数で、相手チームより多く得ることで勝利となります。

❷ランナーがホームに生還したときにランナーに与えられる個人の記録。代走であったとしてもホームに帰ってくれば得点1が記録されることになります。

猛打賞

1試合で3本以上ヒットを打つこと。「今日は猛打賞だったな！」と褒められると嬉しいものです。

塁打

単打を1、ツーベースヒットを2、スリーベースヒットを3、ホームランを4として計算するもので、塁打数を打数で割ると長打率を計算することができます。プロ野球では1試合に18塁打という記録があります。

れんしゅう【練習】

週末は朝から夕方まで練習漬けになります。野球の練習は長時間だ、と言われることもありますが、監督やコーチは工夫しながら練習メニューを考えています。好きな練習と嫌いな練習があるでしょうが、すべては一本のヒット、ひとつのストライク、そして勝利のためです。

アメリカンノック

ライトの位置からレフトへ向かって選手が走り、レフトの位置へノックを打つもので、外野を横断するので疲れます。選手たちに「アメリカンのノック行くぞ！」というと決まって嫌そうな顔をします……と思っていたのですが、今回アンケートをとったところ、嫌いな練習2位でありながら、なんと好きな練習5位にランキングされました。ヘトヘトになりながらも追いかけるのが「ハイ」状態になるのでしょうか。意外な結果でした。

遠投

文字通り遠くへ投げる練習のこと。肩の力をつけることにつながりますが、いきなり遠投を始めると怪我をしかねません。またフライのようなボールで投げても意味がありませんし、フォームを崩してしまいます。遠投の距離が長い選手のことを「肩が強い」「肩がいい」「強肩」と呼びます。キャッチャーやセンター、ショートなどを守ることが多い。

紅白戦

同じチームで紅組と白組にわけて試合をすること。近年はチームに所属する選手の数が少なく、紅白戦を組めないことも。

シートノック

野手がそれぞれの守備位置について受けるノックのこと。試合前に決められた時間内で行うこともあり、チームによって流れが決まっています。最後はだいたいキャッチャーフライ。一発で決まるとビシッと引き締まりますが、外野へ飛ばしたときは監督も気まずそうな顔をします（笑）。

シャドウピッチング

ボールを持つことなくタオルなどを使ってフォー

ムをチェックすること。ピッチャーが家の中で自主練として行います。鏡や窓に自分の姿を映すと効果的。タオルの音を鳴らそうとすると肘を壊しますので気を付けてください。

ティーバッティング

ティーと呼ばれる台の上にボールを置いたり、軽くトスをしたボールをネットに向かって打つ練習のこと。開きが早い選手には背中方面からボールを投げたり、椅子に座ったままティーをすると効果的。

トスバッティング

近めの距離からバッターへボールを投げ、ワンバウンドで打ち返す練習のこと。バットにミートさせたり、バットコントロールを高めるために行います。

ノック

自らトスして上げたボールをゴロやフライにして選手が捕る守備練習のこと。ベテランの監督が見事なバットコントロールで絶妙なところにノックを打つこともあれば、あまり上手でない監督は、「わりぃ、わりぃ」とバツが悪そうに打っている姿も見ます。ちなみに外野フライは体から遠くに、キャッチャーフライは体に近く、内野フライがその間にトスを上げると上手く行きます。

走り込み

冬練では足腰を鍛えるためメニューには欠かせません。小学生の場合は適度な距離を走るようにしましょう。

フリーバッティング

マウンドからピッチャーが投げ、実践に近い感じで打ち返していく練習。お父さんコーチなどがバッティングピッチャーを買って出てくれますが、時にはデッドボールやストライクが入らなくて交代させられることもあります。

ベースランニング

「ベーラン」と略され、実際の走塁を想定してダイヤモンドを走ること。1塁を回る時の膨らみ方やどちらの足でベースを踏むかなど課題をもって走るようにしましょう。

ロングティー

ティーバッティングをネットではなく、グランドに向けて打ち、できるだけ遠くへ飛ばすことを目的に行います。遠くに飛ばそうとするあまり、フォームを崩さないようにすることです。

おとうさん【お父さん】

自分の叶わなかった夢を子供に託して、小さい頃からサッカーはさせまいとテレビも見せなかったお父さん。チームに入った瞬間から第二の野球人生スタートです！

【観戦】
週末はいつも仕事というお父さんがたまに試合を見に来てくれると子供もうれしいもの。たとえ打てずに帰ってきても「今日は頑張ったな」と声をかけてあげると次へのパワーになります。

【キャッチボール】
お父さんと小さい頃からキャッチボールをやっていた子供は、チームに入っても投げ方がきれいでほめられます。小学校を卒業するとなかなかキャッチボールもできなくなりますから、今のうちにたくさんやっておきましょう。

【グラウンド整備】
試合や練習後のグラセンは本来、子供たちがやるべきですが、時間を有効に使いたいというチーム方針からお父さんがやることが多い。またネットの補修や外野の草刈りなど、環境整備がいろいろとありお父さんの仕事になります。

【車出し】
遠くへの移動となるとお父さんの車出しが必要になります。子供がいる家はワンボックスカーが多いので活躍します。時には荷物車になることも。

【コーチ】
いわゆる「お父さんコーチ」です。経験があろうとなかろうとコーチになれますが、バッティングピッチャーや球拾いなど忙しいもの。でも子供とグラウンドにいられる喜びがあります。

【指導】
かつて野球をやっていた人ほど指導をしたがりますが、子供から「監督の言うことと違う」なんて指摘を受けることも。指導は監督・コーチに任せましょう。

【審判】
お父さんコーチをやると審判講習会を受けさせられ、審判をやることに。慣れないうちは「ボールよ来るな!」なんて祈ったりして。また判定に文句を言われてヘコむことも……。

【道具運び】
子供が自分で持てないほど荷物があったとき、それを手伝うのもお父さんの仕事。お母さん方にかっこいいところを見せようと、たくさん運ぼうとする人も(笑)。

【練習の手伝い】
子供に夢を託しているお父さんは、必死になって練習の手伝いをしてくれます。庭でトスを上げたり、近くのグラウンドでキャッチボールをしたり。子供もお父さんが早く帰ってくるのを楽しみにしているのです(あまりに熱心すぎると帰ってくるな……と思う子もいます)。

【ノック】
監督から指名され、ノックバットを持つお父さんコーチ。でも子供たちはシビア。「○○コーチ、ノックヘタ!」と言われた日には、ツライですよね。

【YouTube】
昔は技術指導書を何冊も買って子供にアドバイスをしていましたが、いまは「YouTube」の動画を参考に日々新しい指導法を子供に教えます。熱心なのはいいのですが昨日と違うテクニックなんですけど……お父さん(笑)。

【飲み会】
「これからコーチたちとの反省会に行ってくる」とグラウンドから居酒屋へ直行するお父さん。これが楽しみでお手伝いをしているのですから、許してあげましょう。といっても毎週だとさすがに家族も怒りますよ(笑)。

おかあさん【お母さん】

少年野球の母は、週末になると忙しい。お弁当作りから応援、お茶当番までやることがたくさんあるからです。さぁ、今週もチームTシャツを着てグラウンドへ！

【アナウンス】
プロ野球で言う「ウグイス嬢」。いつもとは違った声色でマニュアルを見ながら必死に選手をコール。間違えてもご愛敬。

【イベント係】
活動の資金源となるサマーフェスティバルや地区の秋祭りはチームにとって大事なイベント。チームのお母さん総出でお手伝い。終わった後のビールが最高。

【応援】
何といっても子供の応援には力が入ります。チーム一丸となって応援するときもあれば、巨人の星に出てくる星明子のように陰から祈るように応援するお母さんもいます。

【お母さん号】
お父さんの車の台数が足りない時や、後から応援に行くお母さんたちを乗せた「母号」。車中は旦那の悪口大会になっているという噂も（笑）。

【早起き】
一番早く起きるのはお母さん。出発の一時間以上も前にタイマーをセット。なかなか起きない子供にイライラしながらお弁当づくりを始めます。

【お茶当番】
一日、グランドで監督やコーチにお茶を出したり、コーヒーを出したりする当番。体験会では当番はあまりない……と聞いていたはずなのに、ちゃんと1か月に1回は回ってきたりします。

【お茶出し係】

試合中に審判などにお茶を出す係。審判に印象を良くしようと笑顔で持っていっても判定に影響はありません！

【お弁当】

「今日も一日頑張って」と願いを込めて作るお弁当。時間がなくて食べられなかったと残してきた日には、ムッとしてしまいます。でも多くのお母さんが、子供の好きなものを入れてあげようと前日から準備をしています。

【会計】

チームの一年間の会計を支える重要な係。遠征での交通費や備品の購入など、頻繁に支出があるので胃の痛い思いをします。領収書がなかなか集まってこない時はさらにドキドキ。

【スコア】

ベンチに入ってスコアブックを付ける係。監督から「前の打席は？」と聞かれるのでボーっとしていられません。頑張って覚えましょう。

【写真係】

チームに2～3人は一眼レフカメラを持ったお母さんがいて、試合後にＬＩＮＥアルバムで共有してくれます。お母さんは常にいい写真を撮りたいと願っているのですが、試合が気になって撮り逃すことも。

【リーダー】

主務、主幹、キャップなど名称は様々ですが、お母さんを統括する係。監督にもしっかりと意見を言えるような強い人が望まれます。

【連絡係】

試合の結果をＬＩＮＥ速報として流したり、練習の予定や終了時刻を伝える係。お母さんたちはこの連絡を頼りにしているのでうっかり忘れるわけにいかないから気が抜けません。

【背番号をぬう】

お母さんの大切な仕事。裁縫が得意でないとツライ作業ですが、背番号をもらえた喜びをかみしめる瞬間です。

春

3月〜5月

卒団式（チームによって異なる）
春季大会
新入部員歓迎会
保護者顔あわせ懇親会
（飲み会……随時）

春は新チームが結成され、目標を決める時期でもあります。チームとして1年間の共通の目標を持ちスタートを切ります。技術の差が個人によってあるので入団して間もない選手などは別メニューでレベルアップすることも一つの方法です。

お母さんの服装チェック

春といっても曇りの日は寒いこともあるので、上着は持っていったほうがいいですが、太陽が出ると暑い日もあり、調整できるようにしておきます。また、紫外線が意外に強いので日焼け止めや帽子は必須。花粉症に悩まされる人にとってはツライ季節ですが、ゴールデンウィークすぎまでは我慢するしかないですね。

モデル：中嶌杏里

第二章

少年野球の心構え（心が前）

心構えとは物事に対する心の準備や覚悟のことを言います。野球も礼儀に始まり、道具を大切にしたり、仲間を大切にしたり、プレーの前に準備すべきことがたくさんあるのです。試合と関係ない……と考えがちですが、「心技体」と言われるように技や体の前に「心」が来るのです。そう考えると、「心が前」はとても大切なことであり、プレーにもつながってくるのです。ここでは大切にしたい20のことをピックアップしました。

れいぎ【礼儀】

❶生活していく際に、他人に対して失礼にならないようにするための作法。❷監督、コーチ、お父さん、お母さん、審判、地域の方々、対戦チームに対してこころから感謝し、声に出して伝えること。例このチームの選手は礼儀正しくて気持ちいいよ。

年中夢球辞典

「礼節」という言葉を知っていますか？ 感謝の気持ちを持っている心のことです。その感謝の気持ちを言葉にすることを礼儀と言います。グラウンドを使えることや野球ができることはたくさんの人の力があるからです。その人たちのことを心で思い出して「お願いします」「ありがとうございます」を言ってみましょう。大切なことは形ではなく心です。

家で親ができること

親がグラウンドで「ほら、監督が来たよ！」なんと言って挨拶させるのでは意味がありません。なぜ挨拶をするのか、それがわかっていないのなら本当の挨拶とはいえないのです。家庭内での朝の挨拶も「今日一日がんばろう」という気持ちで言ってください。

じしゅれん【自主練】

❶自主練習の略語で、個人が自発的、自主的に行う練習のこと。❷チームの全体練習など指導者がついて行う以外の練習のことを言う。❸自宅で行う素振りや家の周りを走るランニングなどはすべて自主練となる。例今日は打てなかったので夜に庭で自主練した。

年中夢球辞典

自主練は誰かが見ているわけではありません。だから、手を抜こうと思えばいくらでも手を抜けます。誰も見ていない時の自分が「本当の自分」です。一生懸命やった自主練も、手を抜いた自主練もすべて自分に返ってきます。誰も見ていなくても自分だけは見ていますから……。自分に嘘はつけません。自分に嘘をつくと自信を持つことができなくなります。

親は自主練とどう向き合うか

決して親がやれという必要はありません。自分で悔しいからやる、ヒットを打ちたいからやる、そんな気持ちが大事です。でもいざやるとなったら一緒に見てあげることも大事。そばにいるだけでも子供は心強く感じるものです。

どうぐ【道具】

❶野球を行う上で必要となるバット、グローブ、スパイクなどの総称。❷初めて購入するときは、スポーツ店でアドバイスを聞きながら、子供に合ったものを選ぶのがおすすめ。例 道具を大事にしない選手は一流になれないぞ。

年中夢球辞典

練習前など、道具をなぜ綺麗に並べるのでしょうか。見た目がきれいだから、強そうに見えるから……ではありません。今から野球というスポーツをする前に道具一つ綺麗に並べられないチームにいい練習ができるわけがありません。みんなで心を一つにして道具を綺麗に並べることが野球を始める前の心のウォーミングアップなのです。

チーム状態を見る目安になる

自分の子供のチームがきちんと道具を並べられているか見てみましょう。もし、バラバラだったとしたらチームの状態があまりよくないというバロメーターになるかもしれません。相手チームがビシッと並べていたらいいチームかも、と判断することもできます。

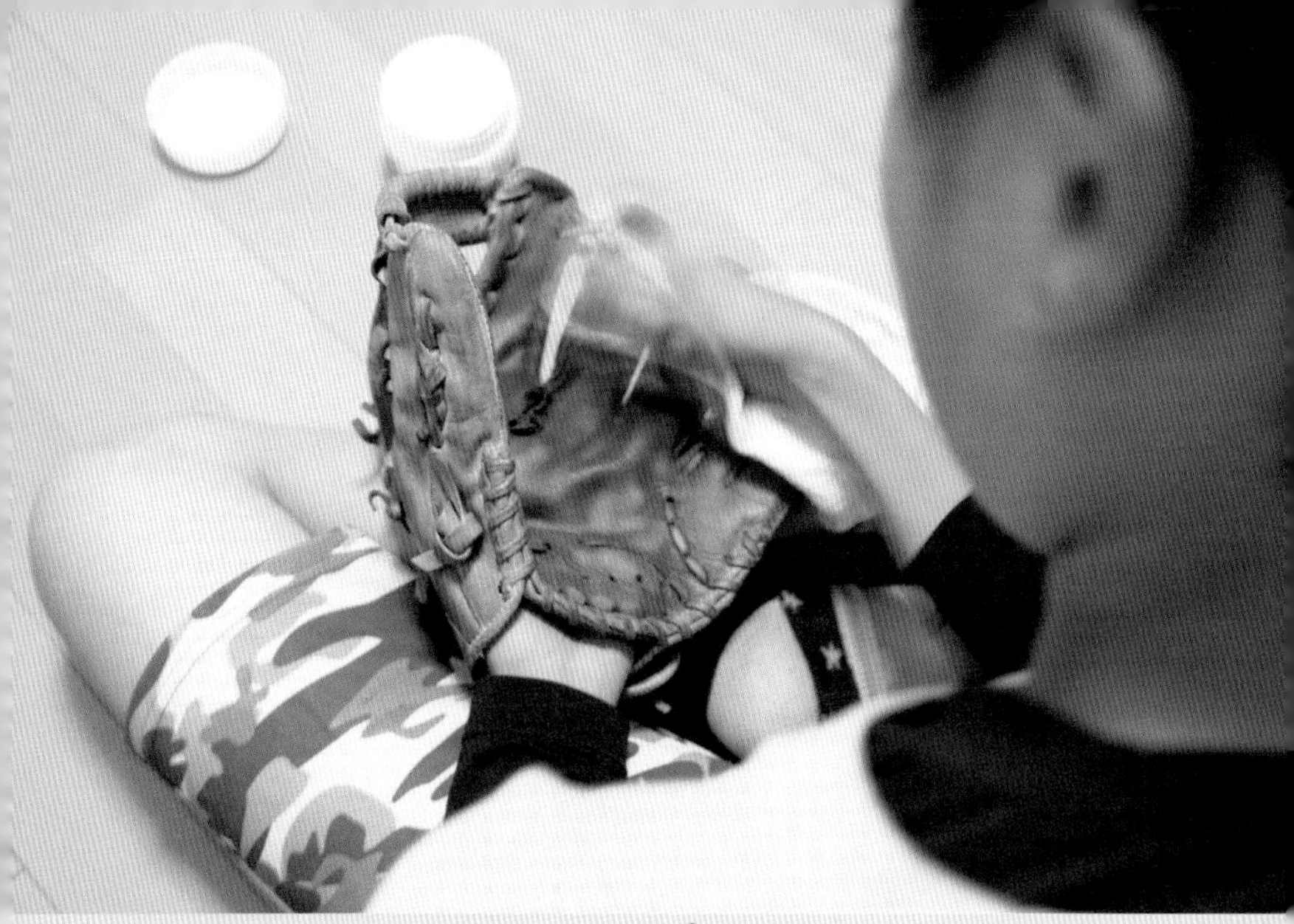

ぐろーぶみがき【グローブ磨き】

❶野球選手にとって自分の手の一部となるグローブを使った後、次にベストな状態で使えるようにするために手入れすること。❷ブラシで砂やホコリを落とし、ローションで汚れを落とし、さらにはオイルを塗る。例あいつグローブ磨きしてないから革がカサカサだよ。

年中夢球辞典

グローブはお父さんやお母さんが仕事をしてくれて君たちにプレゼントしたものです。グローブを磨く時にお父さんやお母さんの働いている姿を想像してください。それが「感謝」という意味です。グローブを磨くということは自分の心を磨いていることと同じなのです。そして、自分を磨かなければ心も錆びついてしまうのです。

エラーはグローブのせいじゃない

エラーをしたとき、グローブを見てチッという人、これではグローブも泣きます。普段手入れもしないのに、いざというときだけグローブに頼るなんて虫が良すぎます。野球が好きな人は、どれだけ眠くてもグローブに感謝を込め磨いています。

年中夢球辞典

ぐらせん【グラセン】

❶グラウンド整備の略。練習で荒れたグラウンドをトンボと呼ばれる道具などできれいにならすこと。❷なぜグラセイではないのかは不明。❸甲子園球場を整備する阪神園芸は「神整備」と呼ばれるほど有名。例 よし、グラセンして今日の練習は終わりだ!

グラウンドを使えることは当たり前ではありません。また練習や試合が終わったら次に使う人のことを考えてグラウンドを平らにします。デコボコになっているグラウンドを平らにすることは、自分の心を平らにするのと同じこと。グラウンド整備を子供が行うことで、石があったり、デコボコになっている場所にも気が付くようになるのです。

グラセンは親の仕事ではない

チームによっては、グラセンはお父さんの仕事で、子供はまったくやったことがない、というケースがあるようです。それが続くと、グラウンドを使っても「整備する」という頭がまったくないことになり、使えることに感謝すらしなくなるのです。

こころのじかん【心の時間】

❶一般的に言われる物理的な時間は等しく同じだが、その時間の過ごし方をプラスにとらえるか、マイナスにとらえるかという意識のこと。❷人によって時間の感じ方が違うこと。
例今日のノックは心の時間に余裕があったから有意義だったな。

年中夢球辞典

ノックを60分すると言われました。当然のことながら時の時間というのは平等です。でも心の時間は違います。「ノックなんてだるいな」と思う選手と「よし！　今日はグローブの角度に気をつけよう」と思う選手の心の時間は違います。その意識の差が一時間後には技術の差となって表れてくるのです。その意識のまま練習をしていたらライバルとの差はどんどん広がるのです。

親は否定ではなく動機づけをする

心の時間を大切にできない選手は練習をこなすことしか考えていません。どうやったら野球が上手くなるのかと日頃から考えることが大事。親が強制と否定ばかりでは子供は考えることを止めてしまいます。親は動機付けや意識付けをしてあげることに力を注ぎます。

ちーむわーく【チームワーク】

❶チームのメンバーが同じ目的に向かって行う作業や意識、行動のこと。❷仲間の失敗を助け、プラスの力に変えていくこと。❸選手間だけでなく、指導者や親も含めて一丸となって、目的達成を目指すこと。例 今日はチームワークの勝利だったね。

年中夢球辞典

チームとは目的が同じ集団のことを言います。チームワークがいいというのはその目的のためにチーム全員が頑張っていることです。決して仲がいいことではありません。ですからチームの目的がはっきりしていなかったり、バラバラであればチームワーク自体が存在しないのです。まずはチームの目標をみんなで確認するところから始めましょう。

親もチームワークの輪の中にいる

子供にチームワークを大切にと話しているのに親や指導者同士がいがみ合っていては子供にチームワークを説くことはできません。子供は大人を見ています。一度バラバラになってしまったチームをまとめるのは簡単なことではありません。

ぜんりょくしっそう【全力疾走】

❶速く走ることに全力を注ぐこと。精一杯の力を使って全速力で走ること。❷最後まであきらめずに走り抜けること。❸目的達成のために全力で立ち向かうときの心の持ち方。例ボテボテの内野ゴロでも1塁まで全力疾走してセーフになった。

全力疾走の意識を植え付ける

全力疾走は試合の時だけではありません。練習中のグラウンド内の移動も全力疾走するとそれが当たり前になります。ダラダラとグラウンドを歩くことが当たり前になっているのか、全力疾走が当たり前か……指導者や親御さんの考えで大きく左右されます。

年中夢球辞典

打つ前にはいろいろなことを考えて打席に入るものですが、打ち終わったら全力で走ることしかできません。たとえフライを打ち上げたとしてもまだアウトではありません。塁に出る可能性がありま す。可能性があるうちは全力のプレーをしなければいけないのです。その可能性は希望とも言います。君が全力疾走をしなかったら、チーム全員が希望を捨てることになるのです。

ふるすいんぐ【フルスイング】

❶完全にバットを振りきること。❷豪快にスイングすることで、たとえ空振りであっても「オー」と歓声が上がることもある。❸振りっぷりがいいと気持ちよく感じる。例西武ライオンズの森友哉選手のフルスイングは見ていて気持ちいいね。

年中夢球辞典

フルスイングは試合の時だけやろうと思ってもできません。日頃からの練習や自主練でどれだけ自分がバットを振ってきたのかという自信がフルスイングをするのには大切になってきます。その自信の積み重ねが試合でバットを振る勇気をくれるからです。振る勇気がやがては「振るスイング」に繋がります。練習からコツコツ積み上げてきた素振りが「フルスイング」になることが理想なのです。

気持ちと振り方を教える

フルスイングと大振りは違います。振る気持ちも大切ですが、振り方を大人が指導することも同じくらい大切です。「振る気持ち」+「正しい振り方」の二つが組み合わさって本当の意味の「フルスイング」が可能となるのです。ただ振り回せばいいわけではありません。

きゃっちぼーる【キャッチボール】

❶複数の人が互いに投球と捕球を繰り返すこと。和製英語(英：play catch)。❷心を通わせる際にも「心のキャッチボール」と使う。❸近年では公園などで他の利用者に危険だという理由でキャッチボール禁止のところが増加している。

例 お父さん、キャッチボールしよう！

年中夢球辞典

キャッチボールは自分のためだけの練習のように感じますが、実はそうではありません。相手がどうやったら捕りやすいのか、投げやすいのかを想わなければいけません。「思う」も「想う」も同じ「おもう」と書きますが、想うは「相手の心」と書きます。キャッチボールは野球の基本と言われますが、それは技術だけではなく相手のことを想うという人間力の基本でもあるのです。

小さい頃から大切にしたい練習

真剣にやっている選手と適当にやっている選手が大きく分かれる練習です。真剣にやるとかなり疲れるはず。足を使わずに楽をして捕る選手としっかり足を使う選手。その意識の差は技術の差となります。お父さんとのキャッチボールから意識させましょう。

きんちょう【緊張】

❶試合前や試合中、または指導者にひどく怒られているときに体や心が張り詰めた状態になること。❷憧れの選手と会った時に心がドキドキしていること。❸緊張しすぎると頭痛や腹痛を起こす人もいる。例緊張してストライクが入らない……。

年中夢球辞典

試合前に緊張してしまう、絶対に緊張してはいけない……と思いがちですが、緊張は悪いことではありません。まずは「緊張＝悪いこと」という考えをやめましょう。試合前に緊張してきたなと思ったら「戦闘開始」の合図です。ドキドキをワクワクに変えるのです。試合前は誰でも緊張するものです。「緊張していない」と緊張している自分に嘘をつくのではなく、緊張をプラスに変える力にするのです。

日々のトレーニングが大事

試合前に「緊張するな」というのも無理な話です。緊張を解く方法を大人がしっかり教えてあげることで子供は緊張を取ることができるようになるのです。それを「繰り返すこと」＝「トレーニングすること」で試合前の緊張は怖いものではなくなってきます。

みす【ミス】

❶失策やエラーと呼ばれ、ボールを落としたり、暴投や暴走などをして相手にチャンスを与えてしまうこと。❷チームに迷惑をかけたと思い込み、下を向いてしまうことがある。❸ミスは自分の力で取り戻すことができる。例ひとつのミスからリズムが崩れた。

年中夢球辞典

どれだけ一生懸命に練習をしても試合になるとミスは出てしまうもの。採点などがある競技では一つのミスが大きな減点になり命取りになることがありますが、野球は最終回のアウトまで何が起こるかわかりません。さらに野球の面白さはそのミスを自分ではなく仲間がカバーしてくれることがあるという点です。試合中にミスを振り返ってはいけません。

怒っても何も解決しない

自分のお子さんが試合中に起こしたミスを感情で怒っても何も解決しません。どうしてそのミスが起こってしまったのかという原因と今後そのミスをなくすために何をするのかということをお子さんと話して今後に活かしてみてください。

いったいかん【一体感】

❶チームの気持ちや考え方がひとつにまとまっていること。❷選手だけでなく、応援する人までが一体となって目標に向かっていること。❸気持ちを高揚させ、いつも以上のパフォーマンスを生む不思議な力。例 最終回はチームに一体感があった！

年中夢球辞典

一体感とは、目標に向かって全員が強い想いと、強い行動を持った時に生まれるものです。つまり共通の目標がなければチームに一体感は出てきません。その目標に向かって時には言い争いになることがあるかもしれません。ですが本気で考える言い争いであればチームは強くなり一体感が出てくるものなのです。チームに誇りを感じた時、真の一体感が出てくるのではないでしょうか。

家での会話にも気を付ける

あいつは気に入らないと思っているといざというときに信頼できず、一体感を生みません。ご家庭でも、仲間や親の悪口を言うのはやめましょう。何気ない会話が、子供にも意識させてしまうことになり、態度に出てチームの輪を乱すことになりかねません。

ふぁいんぷれー【ファインプレー】

❶ダイビングキャッチなどに代表される見事なプレーのこと。❷チームのピンチを救ってくれるプレー。❸プレーだけでなく、仲間に自分が感じた情報を伝えるといった行動も結果につながるとファインプレーと呼ばれる。例ファインプレーで絶体絶命のピンチを救った。

年中夢球辞典

ファインプレーと聞くとボールに飛びついて打球を捕ることを想像するでしょう。しかし、ベンチでの声やランコーの判断など、ファインプレーはたくさんあります。仲間の小さなファインプレーを見つけ、声を掛けられる選手になってください。ファインには「元気」という意味もあります。ファインプレーがたくさんあるチームは元気があるチームです。

ファインプレーの見方

ダイビングキャッチをしようとする時に「絶対このボールを捕ってやる」という気持ちがあっても技術がなければ捕れません。逆に技術があってもこのボールを捕ってやるという気持ちがなければ捕れません。この二つがあってファインプレーは成立するのです。

どりょく【努力】

❶自分が決めた目標に向かって力を尽くして励むこと。❷決して結果につながるとは限らないが、精いっぱいやることで自信となる。❸誰も見ていないところで一生懸命に素振りなどの自主練をすること。例このヒットは努力の結果だね。

年中夢球辞典

目標があって初めて人間は努力をします。努力をすれば必ず願いが叶うわけではありませんが、願いが叶った選手はみんな努力をしています。努力したことが全て成功するとは限りませんが、努力したことが選手を成長させてくれるのです。「センスがない」と自分を諦めてしまう選手がいますが、そういう選手はまだ努力するチャンスがあるんだということを覚えておいてください。

何のための努力か意識させる

努力をすることが目標になってしまう選手がいます。本来の目標はもっと先にあるはずなのに「努力をすること」が目標に変わっているのです。親御さんが必要以上に誉めたりするとこのように親から褒められるために努力をする選手が生まれてきてしまいます。

すらんぷ【スランプ】

❶いつものように打てなかったり、投げられなかったりして思い通りにいかない状態が続く期間のこと。❷心身の調子が一時的によくないこと。❸本人が思うほど実際にはスランプではないことのほうが多い。例 オレはスランプの真っただ中だ……。

年中夢球辞典

打てなくなるとすぐに「スランプ」だと言う選手がいます。それは本当にスランプなのでしょうか。スランプとは、❶自分がスランプと認めた瞬間、❷周りからスランプだと言われ受け入れた瞬間、この2つから始まります。というよりも、始まってしまうのです。自分でスランプだと思ってバッターボックスに入っているうちはまず結果が付いてきません。心の持ち方はプレーにも出るのです。

子供が壁にぶつかっていたら

野球をしていると必ず壁にぶつかります。壁は壊すものではありません。壊さずに乗り越えていくものです。自分で頑張らなければ先に進めません。ですが乗り越えた後にその壁は子供を守る砦となってくれます。親としては見守る力が必要とされるときです。

くやしい【悔しい】

❶思い通りにプレーできず、あきらめがつかなかったり、自分に腹立たしかったり、残念でたまらないときの気持ち。❷決してマイナスなことではなく、次へのエネルギーに変えることができる重要な気持ち。例三振して悔しい……。

年中夢球辞典

「何で打てなかったのか……」、野球をしていると「悔しさ」という感情が出てきます。この感情は、決してマイナスではなく、いい感情なのです。悲しさや寂しさは次のステップに行けませんが、悔しさはバネに変わるのです。悔しさが強ければ強いほどそのバネで次のステップへ飛んでいけます。バネは「スプリング」とも呼ばれます。悔しさをバネに変えた人間には春がやってくるはずです。

悔しい気持ちは次への力になる

子供が悔しい気持ちで帰ってきた時、「おいしいものを食べさせてあげよう」というのは順番が違います。悔しいという気持ちはいい感情です。その気持ちを整理し次に繋げるのです。その前に美味しいものを食べさせてしまうと悔しさの力をうやむやにさせます。

けが【怪我】

❶あやまって体に傷を負ってしまうこと。❷野球では接触プレーの際に怪我をする確率が高くなる。❸日頃からしっかり練習をしたり、体のケアをしておくことで防ぐことができる。
例 怪我をしないようにしっかりダウンしとけ！

年中夢球辞典

怪我や故障は本当に辛いものです。怪我は予防が大切ですが、起こってしまったことは変えられません。故障した時だからこそ見えるものがあるはずです。試合に出られないことで、怪我をした選手の気持ちやいつもベンチで応援してくれる選手の気持ちもわかるはず。「×」も角度を変えたら「十」に見えます。怪我から治った時に怪我をしたことがプラスになるかは自分の考え次第なのです。

ピンチのときに親ができること

怪我をしている我が子を見るのは親として本当に辛いこと。何を言ってもお子さんの心には届かないかもしれません。でも、辛い気持ちになっているお子さんと一緒に暗い顔をしてはいけません。子供さんの前では笑顔で……子供がピンチの時こそ親は笑え！

こえだし【声出し】

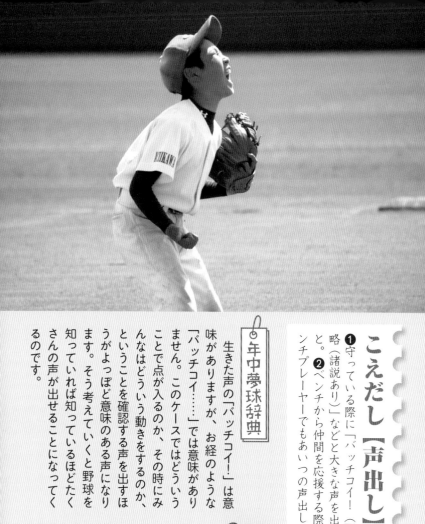

❶守っている際に「バッチコイ！（「バッター打ってこい」の略（諸説あり）」などと大きな声を出して気持ちを鼓舞すること。❷ベンチから仲間を応援する際に声を上げること。例ベンチプレーヤーでもあいつの声出しは見事だ！

年中夢球辞典

生きた声の「バッチコイ！」は意味がありますが、お経のような「バッチコイ……」では意味がありません。このケースではどういうことで点が入るのか、その時にみんなはどういう動きをするのか、ということを確認する声を出すほうがよっぽど意味のある声になります。そう考えていくと野球を知っていれば知っているほどたくさんの声が出せることになってくるのです。

子供と一緒に野球を見るとき

野球を知る上で「観る」ことはとても勉強になります。テレビや球場で野球を一緒に観ている時に「この場面は何の作戦でくるかな」「ポジショニングが何で変わったのかな」といろいろなことを考えることで野球の奥深さが見えてきて、それが声にも繋がってきます。

すぶり【素振り】

❶練習の相手がいない状態でボールが来るのを想像しながらバットを振ること。❷指導者が自主練の課題として「一日300回！」などと指示することが多い。❸日々繰り返すと手にまめができてくる。例毎日の素振りの成果が見事に出たヒットだ。

年中夢球辞典

人から言われた素振りは残念ながら「すぶり」とは言えません。それは「そぶり」です。一生懸命やっているのではなくやっているそぶりなのです。毎日の素振り……時にはやりたくない日もあるはずです。ですが、そこでバットを振る選手と振らない選手とでは大きな差が出てきます。「今日は疲れたから……」そんなふうに例外を作ってしまう選手は毎日の素振りができません。

なぜ素振りが必要なのか伝える

親御さんに「素振りをしなさい」と言われてから始める素振りはあまり効果がありません。人から言われてするものは目標ではなくノルマになってしまうからです。なぜ、素振りが必要なのかという根本的なことをお子さんとじっくり話すことが大切です。

夏

夏季大会
合宿
上部大会
全国大会

6月〜8月

6月は梅雨を迎え、練習や試合が中止になることもしばしば。お母さんには怒られますが、泥だらけになって野球をするのは実は楽しかったりします。

決めた目標に対して役割の不満や勝てないことの不満が出てくるのがこの時期です。チームの問題点を曖昧にせずにミーティングでしっかり話し合うことが必要です。熱中症に気を付けなくてはいけない時期なので水分を小まめに摂るようにしましょう。

お母さんの服装チェック

モデル：ミク

チームTシャツの着用が義務づけられているなら従うしかありませんが（笑）、自由な服装なら汗をかいてしまうので通気性がよく、速乾性のある生地のものを選びたいですね。日焼けには十分注意ですし、帽子は絶対に必要。雨の日でもない限り、足元はサンダルでも問題ないですが、砂が入ってざらざらするのは仕方ないですね（笑）。

第三章

役割を知ると

野球がもっと面白くなる

野球にはそれぞれの場面で選手が果たす役割があったり、プレーにも意味があったりします。ここでは、知っておくと野球がもっと奥深く楽しめる用語を挙げてみました。「うちの子は試合に出られない……」と嘆くのではなく、「立派に役割を果たしている」と応援するのです。子供のほうがそれを理解して、一生懸命プレーしているのではないでしょうか。

きゃぷてん【キャプテン】

❶スポーツでひとつのチームの中心になる人。❷少年野球の場合、多くは背番号10をつける。❸人望が厚く、全体への目配りや先頭をきって練習に取り組むなど選手にも一目置かれる存在。［**別称**］主将。

年中夢球辞典

キャプテンは偉いわけではありません。自分は偉いんだと勘違いし、強さだけでやってしまうと「ボス」になってしまいます。ボスは上から見下ろして指示だけを出す人間。キャプテンというのは前に行ってみんなを引っ張る人間。ボスは群れを作り、キャプテンはチームを作ります。周囲の仲間を見渡すことができ、強さだけではなく優しさも兼ね備えているのです。

エピソード

泣き虫なキャプテンがいました。私に叱られ涙し、試合で負けては涙し……。その流した涙の数だけ彼は強くなっていきました。高校野球最後の日、彼を抱きしめ一緒に涙したことが忘れられません。野球で最後の涙を一緒に流すことができた幸せな一日でした。

ふくきゃぷてん【副キャプテン】

❶キャプテンをサポートする選手。❷チームによって2名いることもある。❸キャプテンと協力しあいながら、チームをまとめていく重要な役割を持つ。❹周囲に目配り、気配りのできる人が適任。

年中夢球辞典

キャプテンだけに責任がかかりすぎないように気配りをするのが副キャプテンの役割。キャプテンがカッカして冷静さを欠いているようならば、副キャプテンは落ち着いて対応しないといけませんし、キャプテンが沈んでいたら、副キャプテンが盛り上げることも求められます。キャプテン以上に周囲に気を配る必要があり、補佐役として重要な役割があるのです。

エピソード

ある年代の副キャプテンは、強いキャプテンをなだめたり、自分の意見をしっかり言う選手でした。最後の試合に負けた時、「副キャプテンのお前がいたからここまでこれたんだ」との言葉に一緒に涙を流していました。二人だけの苦労があったのです。

ぜんいんやきゅう【全員野球】

❶試合に出ている選手だけでなく、チームの全員が一丸となって試合に挑むこと。❷野球以外でも全員一致で対処する際に使われる。❸ピンチの時や強い目標があるときに、このモードになりやすい。

年中夢球辞典

指導者が「今日は全員野球で勝ち抜こう」と言いますが、全員野球とは9つのポジションにみんなが出るということではありません。スタメンの選手、ベンチの選手、ランナーコーチャーなど、チームの全員が勝利という目標のために全ての力を出し切って役割を全うするという意味です。たとえ試合に出られなくても、チームの目標のために全員に役割があるのです。

エピソード

ヒットを打つのはバッターの選手ですが、打たせてくれたのはベンチにいるほかの選手たちの声です。また、なかなか試合に出られない選手が試合に出ると、私のチームの選手はいつも以上に大きい声で彼らを応援します。それが全員野球につながります。

むーどめーかー【ムードメーカー】

❶その場の雰囲気をいいほうに転じさせることができる人を指す和製英語。❷ムードメーカーは試合に出ている選手とは限らず、ベンチにいても声を出し、仲間を勇気づける能力がある人で、貴重な戦力である。

年中夢球辞典

ムードメーカーはチームの雰囲気をプラスの方向に導いてくれます。ミスが続いてベンチが暗くなっている時でもチームに元気を与えてくれる明るい選手がムードメーカーになることが多いです。ムードメーカーが一人いると監督やコーチが子供を無理やりに盛り上げることなく、子供同士で盛り上がるので勢いづきます。チームには欠かせない存在です。

エピソード

ウチにいたムードメーカーの選手。試合に負けても自分は泣かずに他の選手に笑顔で接していました。最後の試合に負けた時、「今日だけは皆と一緒に泣かせてください」と言った彼は、チームにとって本当に大切な選手だったことを今でも思い出します。

ばってりー【バッテリー】

❶ピッチャーとキャッチャーをペアで言うときに使う言葉。
❷ラテン語の「buttuere」（打つ）が由来ともいわれ、投手を指していたが、次第にキャッチャーも含まれるようになった。
例 彼らは最強バッテリーだ！

年中夢球辞典

ピッチャーとキャッチャーが力を合わせバッテリーになることでさらに強い力になります。ピッチャーはキャッチャーを信頼してしっかり投げること。そしてキャッチャーはそのボールを受け止めること。この強い絆がゲームを作っていきます。試合中、一番やり取りが多いのがこの二人。そしてバッテリーに必要なものはどんなピンチでも相手を信じてやりぬく力です。

エピソード

連打を浴びて弱気になり「逃手」になっている選手がいました。キャッチャーの選手が彼に向かって「気持ちで逃げていたら絶対打ち取れない。俺とバックを信じて投げろ」と言った後、ピッチャーの選手は「逃手」から「闘手」になってピンチをしのぎました。

らんなーこーち【ランナーコーチ】

❶一塁と三塁のコーチャーズボックスに立って次の塁へ進むかどうかの指示やベンチの指示をランナーに伝えるなどの役割がある。❷少年野球の場合は、ミスが多くよく怒られる。
［別称］ランコー、ベースコーチ。

年中夢球辞典

ランコーは、ただベンチからの指示を選手に伝えているだけではありません。ランコーの判断ひとつで勝てる試合があるのです。ランコーに必要なものは「観察力」と「判断力」。相手チームの守備をしっかり観察し、瞬時の判断でゴーかストップを決めます。選手の中で唯一「コーチ」という言葉が入っています。ランコーは監督と試合に出ている選手を繋ぐ大事な「ポジション」なのです。

エピソード

大きな大会の前に怪我をした選手の話。悔しい気持ちを抑え、チームのために必死になってランコーをする姿がありました。試合後、選手たちから「おまえのおかげでホームに帰れたよ」と声をかけられていました。それを聞いたその選手のお母さんは、悔し涙がうれし涙に変わりました。

ばんと【バント】

❶バットを振らず、両手を開けて持ち、内野に打球を緩く転がし、ランナーを進める。❷失敗するとストライクが増える。❸2ストライクだと3バント失敗でアウトとなる。［別称］送りバント、犠牲バント、犠打など。

年中夢球辞典

送りバントのことを「犠牲バント」とも言いますが、それは正しい言葉だとは思えません。送りバントはチームの犠牲になったのではなくチームに貢献してくれた「貢献バント」だと思うからです。だからバントが多い選手はチームのことをたくさん考えている証拠。そして、その送りバントはチームに勝利をもたらしてくれる「贈りバント」でもあるのです。

エピソード

卒団式の時に「僕がバントを決めると皆が喜ぶ姿が大好きでした。でも、そのランナーがホームに帰ってきた時に〝お前のお陰の1点だ！〟とみんなでハイタッチをしてくれることが好きでした」。バントの大切さ、チームの大切さを理解している年代でした。

こえかけ【声掛け】

❶ピンチのときに他の選手が、声を掛けて冷静にさせたり、ひと呼吸を置いて落ち着かせること。❷タイミングが大事で、常に声を掛ければ効果的とも限らない。❸あまりプレッシャーにさせないように心がけたい。

年中夢球辞典

仲間と信頼関係ができているかどうかで声掛けは大きく変わります。信頼関係ができていないチームの声は、ちょっときつい言葉になるだけで「悪口」になってしまうことも。厳しい声を掛ける時は仲間が一生懸命やっていないと感じたときです。一生懸命プレーしているのにエラーをしても責める声は必要ありません。相手をよく見ていないと的確な声は掛けられないのです。

エピソード

私は試合中にミスをしても「絶対に下を向くな」と選手に伝えてきました。下を向いていると周りの選手が名前を呼んで振り向かせるようにしています。「次だぞ次！」「切り替えろ！」とエラーをした選手に声を掛けてくれます。その時はもちろん笑顔で……。

だいびんぐきゃっち【ダイビングキャッチ】

❶届くか届かないか微妙なところにボールが飛んできたときに飛びついて捕る行為。❷成功するとチームの流れを変えるほどの力を持つ。❸怪我をする可能性もあるので、注意が必要なプレーでもある。

年中夢球辞典

外野手の醍醐味の一つがダイビングキャッチ。その時、後ろを見てください。カバーに入ってきた仲間がいます。君に最高のプレーをさせるために走ってきているのです。仲間に最高のプレーをさせようとカバーに全力で走ってくる選手がいるから、思い切ったプレーができるのです。中途半端な捕り方をしたならば仲間の想いに応えていないことになるのです。

エピソード

なかなかダイビングキャッチができないライトの選手に「俺がカバーするから思い切って行け！」とセンターの選手が檄を飛ばしました。その直後、ライトの選手がダイビングキャッチ。ハイタッチをして喜ぶ姿に二人のファインプレーだと感じました。

ちゅうけいぷれー【中継プレー】

❶外野手を超えたボールは遠くまで飛ぶことになるので、一人では返球できないため数人でボールをつなぐこと。❷中継を結ぶラインを一直線にすることで最短で返送できる。［別称］中継、カット、カットプレー。

年中夢球辞典

中継プレーはできるだけランナーが先の塁へ進まないよう一直線となり、的確に行う必要がありますが、繋がれているのはボールだけではありません。「絶対アウトにしてくれ」というチーム全員の「想い」も繋いでいるのです。想いが乱れれば、ボールが届くのも遅くなります。普段から仲間を想うチームでなければ中継プレーで想いを繋げることはできません。

エピソード

仲も悪くバラバラなチームがありました。一人一人の技術は高いのにチームプレーができません。そんな彼らが大敗を喫してから大きく変わりました。決勝戦で中継プレーにより見事にアウトを取った時の喜んでいた顔はチームプレーが達成できた笑顔でした。

ねくすとばったーずさーくる【ネクストバッターズサークル】

❶野球の試合で、次のバッターが待機するために設けられたエリアのこと。❷本塁に突入するランナーに滑り込みの指示をしたり、バットをどかしたりもする。

年中夢球辞典

ネクストバッターズサークルは、ベンチよりもピッチャーに近く、投球する球にタイミングを合わせたり配球を考えたりする準備の場です。打順を忘れて、慌てて入るようではしっかりとした準備はできません。心を落ち着かせて、自分の出番を待ちます。そして、「本塁に向かってくるランナーへの指示」という大切な役割があることも忘れてはいけません。

エピソード

唯一試合に出ていなかった選手の話。最終回、ネクストで出番を待つ彼。やっと回ってくる打席、前の打者への投球に対して一球一球タイミングを取っています。でもゲッツーで試合終了。悔しそうな顔でした。試合に出たい、打席に立ちたいという気持ちは大切です。

かいだせん【下位打線】

❶一般的に打順で7番から9番までのことを指す。❷チームが打てない日であっても下位打線の粘りによってチャンスを広げ、一番につなぐことがあり重要なポジションでもある。
［反対語］上位打線（1～5番まで）

年中夢球辞典

下位打線は打てない選手が置かれる打順と思われがちですが、塁に出たクリーンナップを返し、一番バッターに繋ぐ大事な役割があるのです。そう考えると下位打線は「やり甲斐」のある「甲斐打線」となってくるはずです。上位打線、下位打線などとよく言いますが、打順に上も下もありません。でも、ひとつでも打順を上げようという気持ちはチームのためにもなるのです。

エピソード

最終回まで同点。7番、8番、9番の連打でサヨナラ勝ちをした試合がありました。彼らは自分たちのことを「下位打線」だなんて思っていません。自分の力を思いきり発揮し、結果を出してくれたのです。その姿は間違いなくやり甲斐を持ってくれた「甲斐打線」として輝いていました。

ぴんちひったー・らんなー

【ピンチヒッター・ランナー】

❶打順が回ってきた選手に代わり、別のバッターが登場すること。またランナーが変わること。❷より確率の高い選手を代わりに出すこと。❸試合の流れや雰囲気が変わることもある。［別称］代打、代走。

年中夢球辞典

ピンチヒッターは、チームのチャンスに出てくる打者、ピンチランナーはチャンスの時に出てくるランナー。そう考えるとどちらも試合の流れを変えるという意味では重要な役割があります。だからこそ、監督にいつ呼ばれてもいいように、試合の展開を見ながら、心と身体の準備をしておかなければいけません。そして、いざ出番がまわってきたら思い切ってプレーするのです。

エピソード

ピンチランナーやピンチヒッターの選手を私が指名すると「よっしゃ！」と言ってベンチを飛び出します。周りの選手が「頼むぞ！チャンスヒッター」と言ったのがきっかけで、それ以来、チームでは「チャンスヒッター」「チャンスランナー」と呼ぶようになりました。

ぼーるぼーい【ボールボーイ】

❶ファールボールを回収したり、バットを回収したり、汚れたボールを拭いて審判に渡すなどの試合を支える役割。❷ボーっとしていると試合の流れを止めることになるので試合に集中していないといけない。

年中夢球辞典

ボールボーイも野球では立派なポジション。試合に出られないから仕方なく任されているわけではありません。上手なボールボーイは試合の流れを止めません。試合の流れを止めないということは野球の流れがわかっている証拠です。こういう選手は自分が試合に出ても試合の流れを読み取ることができます。どんなポジションでも野球を学ぶことはできるのです。

エピソード

炎天下の試合が終わった後、ボールボーイの選手が審判に呼ばれ「ボールを渡してくれる時の君の元気のいい〝お願いします〟で私もがんばれたよ」と褒められたと僕に嬉しそうに話してくれました。どんな役割でも見ている人はきちんと見てくれています。

おーらい【オーライ】

❶「all right」の略で、自分が捕るという意思を他人に伝えるための言葉。❷必死になってボールを追っていると相手の声が聞こえないことも。❸外国では「I got it」という。［別称］俺が捕る、任せろ、OK！

年中夢球辞典

この掛け声がないと、フライを追っていた選手同士が衝突して怪我をしたり、譲り合って落球してしまいます。落下点に入ってから「オーライ」では遅いので、捕る意思が仲間に早く伝わるよう大きな声をかけながらボールを追います。ボールに集中している選手やボールへの意識が強い選手ほど、自分が捕る意思をはっきりさせ、オーライの声が大きく早く出るのです。

エピソード

オーライの声がなかった試合で負けたことがありました。それをきっかけに声一つで負ける試合があることを彼らは学びました。それからは絶対に「オーライ！」を忘れないチームになりました。負けた悔しさを糧にして「オーライ！」の大切さを知ったのです。

えんじん【円陣】

❶試合前やイニング間に選手が監督やキャプテンを中心に円を描くように並び、アドバイスをしたり声をあげて気合を入れること。❷近年はプロ野球の円陣にカメラが入ることがあり興味深いシーンが見られる。

年中夢球辞典

試合前の円陣は、「スイッチON」の役割をします。そう考えると「円陣」は「エンジン」であり、全員でモチベーションを上げて「エンジン全開」となって試合に臨んでいくきっかけとなります。試合後の円陣では相手にエールを送ります。相手チームと試合ができて良かったという「縁」を感じての「縁陣」になるのです。それぞれに意味があるので、なんとなくやってはいけません。

エピソード

準決勝で敗れ、みんなが嗚咽に近い状態で泣いていました。その時、一人だけ泣いていなかったキャプテンが「円陣が終わるまでが試合だ。最後の円陣を元気よくやろう」と声を掛けました。彼は円陣の後に、役目を終えたように人目をはばからず涙しました。

あっぷ【アップ】

❶ウォームアップのことで、練習や試合前に身体を動かし、準備を整えること。❷早く野球をやりたいところでも、怪我を防ぐためにも重要な運動。［反対語］ダウン（疲れを残さないようにする整理運動）。

エピソード

アップの大事さを私は選手にうるさいくらい言い続けてきました。明らかに手を抜いている子に「怪我をしてからアップの大切さを知るか、怪我する前にアップの大切さを知るかを考えてみな」と言った日から彼はまじめにアップをするようになりました。

年中夢球辞典

練習や試合前のアップは身体を温め、筋肉を伸ばし、各関節の可動域を広げることが目的となります。アップもせずにいきなりキャッチボールをすると一番怖いことは何でしょうか。それは怪我です。怪我をしてしまってはそれまでの努力が台なしになります。選手も指導者もアップを大切にし、怪我を防ぐよう気を配って練習を始めるようにしましょう。

しんぱん【審判】

❶野球の試合を進行したり、判定を行う役割の人。❷少年野球では講習を受けたお父さんがやることが多い。❸すぐに「えーっ」と文句を言われる辛い立場でもある。［別称］アンパイヤー、主審、球審、塁審。

年中夢球辞典

審判を好んでやるお父さんは少ないと思います。しかし、審判をすることで野球を覚え、子供とコミュニケーションが取れます。また、子供のプレーを間近で見ることもできます。息遣いや表情……子供と一緒にグラウンドに入れるのも少年野球の時だけですからお父さんはぜひ審判に挑戦してほしいですし、子供はお父さんのかっこいい姿をしっかりと目に焼き付けておきましょう。

エピソード

審判をするのを嫌がっていたお父さんが、いつしか審判の魅力にはまり、子供が卒団してもチームに残ってくれました。そして、私にこう言いました。「審判っていうのは子供を一番近くで見られる特等席なんだよ」。こういう人たちの支えがあって少年野球は成り立っています。

めだる【メダル】

❶大会などで優勝や優秀選手に選ばれたときに渡される金属製の記章。❶1位は金、2位は銀、3位は銀色となるのが一般的。❸卒団の際、頑張って野球をやり続けたことに対してチームから贈られることもある。

年中夢球辞典

決勝まで行けなかった銅メダル。あと一つのところで勝つことができなかった銀メダル。そしてみんなの力で勝ちとった金メダル。人によっては悔しいメダルかもしれませんし、嬉しいメダルかもしれません。共通しているのは、メダルの色が大事ではなく、「子供が頑張った」ことです。そして、1人の力で取れたのではなく家族や仲間のお陰で取れたメダルなのです。

エピソード

メダルを取った時に私のチームでは選手が親御さんにひと言伝えてメダルをかける儀式がありました。金メダルを取った時に「コーチは子供がいないから誰にもかけてもらえないね」と言った後、全員が私にメダルをかけてくれました。涙が止まりませんでした。

そつだんしき【卒団式】

❶6年生が卒業する際に行う記念行事。❷チームによって運営方法はさまざま。❸近年は、在団生の親が写真や動画を使って記念ムービーを作成し上映することが多い。❹ハンカチなくしては終われないイベント。鬼監督もこの日は涙。

年中夢球辞典

卒団式は一つの区切りで毎年、寂しい思いをする時期でもあります。メダルを取れた年代もあれば、取れなかった年代もあります。ただ一つだけ変わらないことがあります。それは「選手が成長したこと」です。少年野球の卒団式は区切りであることと同時に成長の過程でもあります。それを思い出すことになるのでお父さんもお母さんも、そして指導者も涙するのです。

エピソード

私のチームの卒団式は、在団生が卒団生の一人一人に対して応援歌を歌います。卒団する側も残る側の選手もこの応援歌で皆、涙を流します。今までは試合を盛り上げる応援歌だったのが、この時はいろいろなことを思い出し、違う歌に聴こえてきます。

秋

新人戦
秋季大会
秋祭り

9月〜11月

お母さんの服装チェック

地域によって違いはありますが、少年野球の大きな大会は秋で終わることがほとんどです。この時期は「一丸期」になっていなければいけません。目標に向かってそれぞれがそれぞれの役割で頑張り、チームの目標達成のためにどれだけ一生懸命頑張るかが大切な秋です。

モデル：hitomi

秋といっても9月はまだまだ暑い日が続きますが、11月となると寒さを感じるようになります。長袖のシャツを着るのが一番いいでしょう。また、上着を車の中に入れておくと、寒いと思った時に着ることができます。チームでパーカーを揃えているのであれば、忘れずに着ていきたいところ。気持ち良い野球日和が続きます。

第四章

親子で学ぶ 野球を通じて成長できる20の言葉

野球を通じて得たことは、大人になっても活かされるものです。必死になって取り組むことで、身体だけでなく、心身も鍛えられ、今後の思考の基礎が築かれるからです。自分を律すること、仲間を想うこと、さらには言葉の大切さなど、学校では学べないことがたくさんあります。野球を通じて親子で成長できれば最高です。ここでは20の言葉をピックアップしてみました。ひとつでもいいので意識できるようになったらいいですね。

しんとうたい【心頭体】

❶通常、スポーツでは精神力（心）と技術（技）、そして体力（体）を総称して心技体というが、心の次に、思考から行動への流れを指す。❷一般に普及していない言葉だが、日常の生活においても重要となる考え方。例 あいつは心頭体がしっかりしてきた。

年中夢球辞典

人間は感情（心）→思考（頭）→行動（体）の順番で行動していきます。試合で負けて悔しいと強く感じたら（心）、次はどうやったら野球が上手くなるかを強く考え（頭）、強い行動（体）になっていきます。強い感情は強い行動になります。弱い感情は行動まで届きません。試合に負けた時、悔しさを強く持ってください。それが行動に繋がるはずです。

親が考えること

家の中でも親がすべてにおいて助けたり、口を出したりするのはやめましょう。自分で考えて、行動に移すことは日常生活でも大いに役立ちますし、これは社会に出てからもっとも必要とされる行動スタイルなので会社でも信頼される人物となることでしょう。

せいしんりょく【成信力】

❶成功を信じて最後まであきらめない力。❷何かをやり抜いていこうとする意志を精神力というが、成信力を発揮するために心が強くなっていくのが精神力。両方の言葉は連動している。例彼の成信力の強さが、今日のヒットにつながった。

年中夢球辞典

努力や目標達成を追い求めている時に辛くなることがありますが、そんな場面で発揮されるのが成信力。自分の「成」功を「信」じる「力」。どういう選手になりたいのか、どういう目標に向かっているのか……成功した時の自分を強く想像するのです。自分の成功を一番信じてあげるのは自分自身でなくてはなりません。そのためにも練習をして自信を持つのです。

親子でできること

今日、ヒットが打てなくて帰ってきたとしても、「なんであそこで……」と問い詰めてはいけません。それよりもあきらめないでやることの先に待っているものが何かを伝えることが重要です。かつては「根性」のひと言でしたが、いまはじっくりと説明する時代です。

きりかえぼたん【切り替えボタン】

❶何か失敗をした時、それを引きずらず次の行動を起こすときに心の切り替えをするためのボタン。❷アクションチェンジ、❸スピークチェンジ、❹ルックチェンジの3つの方法がある。例 よし、あいつは空を見たから切り替えボタンを押したな。

親が知っておくこと

エラーをした後、ついどと大きな声をかけがちですが、子供の切り替えボタンを知っていると、「この子、落ち着いている」と気付きます。下を向いたままだったら、「ほら、切り替えボタン!」と声をかけてあげるのがいいかもしれません。

年中夢球辞典

試合中、エラーをした時に「切り替えろ」とよく言われます。ですが多くの選手が切り替える方法を知りません。「空を見る」「帽子を取る」「ジャンプをする」のがアクションチェンジ、「プラスの言葉を言う」ことをスピークチェンジ、ミスをして下を向いている選手に「顔を上げさせる」ルックチェンジ。これらの行動を入れることで切り替えができます。

はつどうぼたん【発動ボタン】

❶切り替えボタンを押した後に、押さなければいけないボタン。声を出すことがそのきっかけとなる。❷ミスの後に大きな声を出して、試合に集中していくようにする。例おっ、あの声なら大丈夫、発動ボタンがオンになったな。

子供に伝えたいこと

試合中のエラーは試合中に振り返ってはいけません。プレーに集中できなくなるからです。君のエラーは誰かがカバーしてくれるはず。「俺は大丈夫だ」と自分と仲間に届くように大きな声で発動ボタンを押すことで気持ちも、流れも一気に変わってくるのです。

年中夢球辞典

エラーをした後はつい申し訳なさそうに下を向きがちですが、そこで何か行動をひとつ入れて切り替えボタンを押します。でもそれで終わりではありません。自分から大きな声を出して「発動ボタン」を押します。これで試合に集中できるようになりますし、エラーをしたことが頭から離れていくことでしょう。いつまでも引きずっていては悪影響。二つのボタンを押します！

おもいやりざん【想い遣り算】

❶野球でこころを育むときに自然と行われている計算。子供だけでなく大人にも必要とされる。❷「＋」たすけあうと大きな力になる。❷「－」ひき受けると喜びが生まれる。❸「×」声をかけると一つになれる。❹「÷」いたわると笑顔はかえってくる。CMで使われていた言葉。

年中夢球辞典

おもいやりとは自分にある「想い」を相手に「遣る」ことです。決して相手に見返りを求めるものではありません。練習や試合の中で元気のない仲間を「たす」けたり、荷物運びなど嫌な役を「ひき」受けること、さらにはミスをした仲間に声を「かけ」たり、頑張ったらいた「わる」など、野球チームにとって重要なのが想い遣り算です。すべてはチームのためになるのです。

親に注意したいこと

子供は野球に対して悩みを持つ日もあります。そんな時にただ自分が怒りたいから怒るのであれば、「想い遣り」ではなく「重い槍」となって子供に突き刺さります。学校生活や私生活でも自然とできるようになってほしい「想い遣り」を野球で身につけさせましょう。

せんとうりょく【先読力】

❶次のプレーで何が起こるのかを先読みする力。❷グラウンドにいる選手だけに求められる力ではなく、ベンチプレーヤーやランナーコーチなども常に次の展開を考えておかないと、選手に的確な声をかけることができない。❸試合に集中していないと発揮できない。

年中夢球辞典

守りに付く時もどれだけ先読みしているのかが問われます。次のバッターは何番からなのか。前の打席でどこに打っているのか。流れはどっちにあるのか。早く守備位置についてそれらのことを先読みしなければいけません。またランナーだったとしても、外野手の守備位置をチェックしたり、どこへ飛んだらゴーなのかをしっかりと頭で描いておくことです。

ベンチに頼るだけではいけない

チームによってはベンチから事細かに指示が飛びます。小学生だと理解しきれないこともあるくらいです。でも、実際に判断するのは自分です。自分で先読力を発揮し、あとは思い切って行動に移すこと。中途半端だと良い結果になりません。

にんげんりょく【人間力】

❶社会を構成し運営するとともに、自立した一人の人間として力強く生きていくための総合的な力。❷野球が上手ということだけでなく、野球が好きで仲間を想い遣り、誰からも愛され、頼りにされる人が持つ力。❸野球で身につけさせたい力。

年中夢球辞典

野球は上手と言われる人が、試合に出て、活躍することが多いのですが、時にテングになり、想い遣りを持てず反感を買うこともあります。人間力のある選手は、自ら目標を持ち、グラウンドの外でも挨拶をし、仲間に声を掛け、問題が起きたら、他人ではなく自分に原因があるかもと考えます。そして、仲間からも信頼され、いざというときにさまざまな力を発揮できるのです。

子供は親の鏡と言われる理由

子供は親の背中を見て育つ、といいますが、家庭内で監督や選手の悪口を言っていると、子供も同じような思考になり、ついそれを口にすることがあります。人間力は野球だけで身に付くものではありません。家庭でのあり方も重要になってくるのです。

こうどうりょく【考動力】

❶ビジネスや学校教育などでもよく使われる言葉で、他人に言われるがままではなく、自分で考えて動き、目標を達成させる力。❷読売ジャイアンツの阿部慎之助2軍監督がスローガンとして掲げたことで、野球界でもさらに注目を浴びる言葉となった。

年中夢球辞典

野球の試合中には自分で考え行動しなければいけないケースが出てきます。とっさの判断力は試合の時だけでは養えません。普段の練習や私生活から考え行動していくことで「考動力」が身に付いてきます。監督が全ての指示を出すチームもありますが、それでは考動力は発揮できません。その考える力を持つためにはいろいろなことを感じ、気づく力が必要です。

自分でやる力

野球だけでなく、生活のあらゆる場面で子供が考え、行動していくことが大切になってきます。大人が指示ばかり出していると子供の考える力は低下していきます。そして、それは「自らがやる野球」ではなくて「やらされている野球」になってしまうのです。

ちょうかんりょく【聴観力】

❶注意して聞くという意味の「聴」と、詳しく見る、物の見方、考え方などに使われる「観」を合わせて作った造語。❷ただ見るだけではなく、感じる心が加わることで発揮される。❸相手のことを想わないとこの力を感じることはできない。

じっくりと向き合うとは

わが子が野球を辞めたいと言ってきた時に皆さんは話をしっかり聴いていお子さんを観ているでしょうか。「許さない」「誰でも一回はそう思うんだ」といった言葉ではお子さんの心が観えてきません。じっくり聴き、観ることがお子さんと向き合うことになるはずです。

年中夢球辞典

「聞く」と「聴く」は違います。聞くという漢字には耳しかありませんが聴くには耳と目と心があります。「見る」と「観る」も違います。見るはそのものだけを見ていますが観るは相手の心も観ようとすることです。仲間の辛い相談を「聴き」「観る」ことで相手の心がわかってきます。仲間の心を聴き観る力……それが聴観力です。そして野球にも必要な力なのです。

でんたつりょく【伝達力】

❶ただ物事を伝えるだけでなく、自分の想いがきちんと相手に伝わっているかどうかを示す力。❷リーダーシップを発揮する立場の人間には特に求められる力。❸自分では伝えた気になっていても相手が理解していなければ伝達力があるとは言えない。

伝え方が間違っている？

我々大人も子供に「何回言ったらわかるの！」などと言ってしまう時がありますが、それはひょっとして伝わっていないのかもしれません。伝わるために言い方を変えてみたり、方法を変えたりする努力も必要な場合があります。

年中夢球辞典

「言いました」は相手のことを考えていない言葉です。「伝えました」も自分だけの言葉です。「伝わりました」で初めて二人の言葉になります。伝わることは難しいことです。だからこそ、普段の私生活からどうやったら相手に伝わるかな、と考えることが重要なのです。こういうちょっとしたことも野球に大きく関係してくるのです。

なんのために【ナンノタメニ】

❶「何のために……」という言葉を、印象的に表すためにカタカナにしたもの。❷自分がすべきことを再認識できる力がある。例 僕はいったいナンノタメニこのノックを受けているのか、それは、試合でエラーをしないためだ。

魔法の言葉をかける

単調な練習や厳しい練習をしていると目標が薄れてくることがあります。「ナンノタメニ」という言葉は、目標の再確認をする魔法の言葉です。お子さんがくじけそうになったら……親御さんがナンノタメニという言葉で目標を思い出させてあげてください。

年中夢球辞典

辛い練習の時に君たちに思い出してほしいのが「ナンノタメニ」という言葉です。この辛い練習をナンノタメニしているのだろうか。それは自分の夢や目標のためです。だからこそ自分の夢や目標をいつも意識してください。「優勝するために」「将来、甲子園に行くために」……自分のナンノタメニを持つことで辛い練習を乗り越えられるのだと思います。

ぷらすしこう【プラス思考】

❶人を元気にさせ、周囲が明るくなり、やる気を出させるために用いる前向きな考え。❷プラス言葉を使っているとプラス思考が生まれ、積極的なプレーができることもある。❸ベンチで常にマイナス言葉を使う指導者がいるが、選手がやる気を失っていることに気づいていない。

親も積極的な思考で！

家庭においてもプラス思考であることは大切です。「イマサラ」は「イマカラ」、「忙しい」は「充実している」、そして「失敗した」は「チャレンジした」と考えるだけで前向きになれます。ただし、反省や自分と向き合ってから、プラス思考で前を向くのです。

年中夢球辞典

プラス思考にも、「ホンモノ」プラス思考と「ニセモノ」プラス思考があります。「ホンモノ」プラス思考とはピンチの時に最高の考えを持てる選手です。最終回、一打逆転という場面で、プラス思考で強い気持ちを持てるかどうかです。その考えを持つためにはたくさんの練習しかありません。その練習した自信が「ホンモノ」プラス思考に繋がっていくのです。

やきゅうのかみさま【野球の神様】

❶試合中、頼るものがなくなったとき、ついすがってしまう神様のこと。❷ネクストバッターズサークルで一番よくお願いごとをされる神様。❸埼玉県東松山市にある箭弓（やきゅう）稲荷神社は、バットやベースの形をした絵馬などがあり、野球関係者が参拝に訪れる。

年中夢球辞典

イレギュラーのゴロが捕れなくてエラーをした時……「野球の神様が味方をしてくれなかった」なんて言い方をします。果たして本当にそうでしょうか。イレギュラーのためにグローブのハンドリングの練習をしていたら捕れたかもしれません。何でもかんでも野球の神様のせいにしてはいけません。野球の神様のせいにする前に自分と向き合うことが大切です。

野球の神様は見ている

試合で負けた後、あの時にこんな練習をしておけばよかった……そう子供に思わせないためにあらゆる場面を想定して練習することが必要になってきます。そして、大切なのは練習をすることではなく「精度を上げる」ことであり、それを野球の神様は見ているのです。

いっしょうけんめい【一勝懸命】

❶一生懸命、一所懸命から作った造語。❷たった1点で勝敗がわかれるだけに1勝を目指して、1点や1球のために練習できているかを示すときに使う。❸すべての練習が試合の結果にかかわることを意識させる言葉でもある。

年中夢球辞典

一生懸命の語源は一所懸命です。中世の武士が自分の領土を守るために必死で頑張っていた「一所懸命」が今では物事を頑張ることの意味だけが残り、「一生懸命」に変わっているようです。野球にはたくさんの「一所」があります。ポジション、コーチャーズボックス、ベンチ、マウンド……全員が「一所」で「一勝」を目指して頑張るチームこそ本当にいいチームなのです。

「一緒懸命」であることが大切

子供が「一勝懸命」に野球をするには親御さんのサポートが必要です。付かず離れずの距離で見守りお子さんをサポートすることが大切。親御さんだけでなく仲間や指導者、お子さんと一緒にがんばった方々と「一緒懸命」の野球人生になりますように。

いしといし【意思と意志】

❶【意思】自分の考えや思い、【意志】何かを成し遂げようという心。❷どちらも同じ「いし」だが、明確に使い分けることができる。例 チーム内で意思の疎通ができていない。彼は自分の意志を貫いて中学で硬式の道に進む。

年中夢球辞典

「プロ野球選手になりたいなあ」と思うのが意思。「プロ野球選手になるんだ」という覚悟が意志です。意思が年齢を重ねていくうちに意志になるといいですね。意思と意志の違いは自主練や行動に出てくるもので、意志は強い行動に現れてきます。意思では道は拓けないかもしれませんが、意志を持ち続けていれば必ず道は拓けてくることでしょう。

強い感情は変われるチャンス

強い感情というのは、強い思考と行動に変わります。お子さんが悔しい思いをした試合の時に「意思」が「意志」に変わるチャンスなのです。親はその機会を見逃さずに子供と今後のことを話すことによって強い意志が持てるようになってくるはずです。

あのかいがなかったら【あの回がなかったら】

❶試合後につい思ってしまう後悔の念。❷あとからなのでなんとでも思うことはできるが、現実は変えることができない。❸「あの回」を作らないために練習し、後悔のない全力プレーを心掛けたい。例 あの回がなかったら、確実にウチが勝てた！

年中夢球辞典

「あの回がなかったら勝ったのに」「あの回だけなんだよな」試合後にこんな言葉を聞くことがあります。逆を返せば「あの回があるゲーム」なのです。だから負けてしまうのです。その考えを変えない限り同じことの繰り返しです。「なぜあの回があったのか」をきちんと分析し、練習することが大切になってきます。

結果論に終わらない

1点差の負けでも、点差以上に力の差があった試合もあれば、大差で勝っても実力が拮抗している場合もあります。指導者は得点差だけでなく、冷静に良かった点と悪かった点を分析することが大切。家でも結果ではなく内容を話し合います。

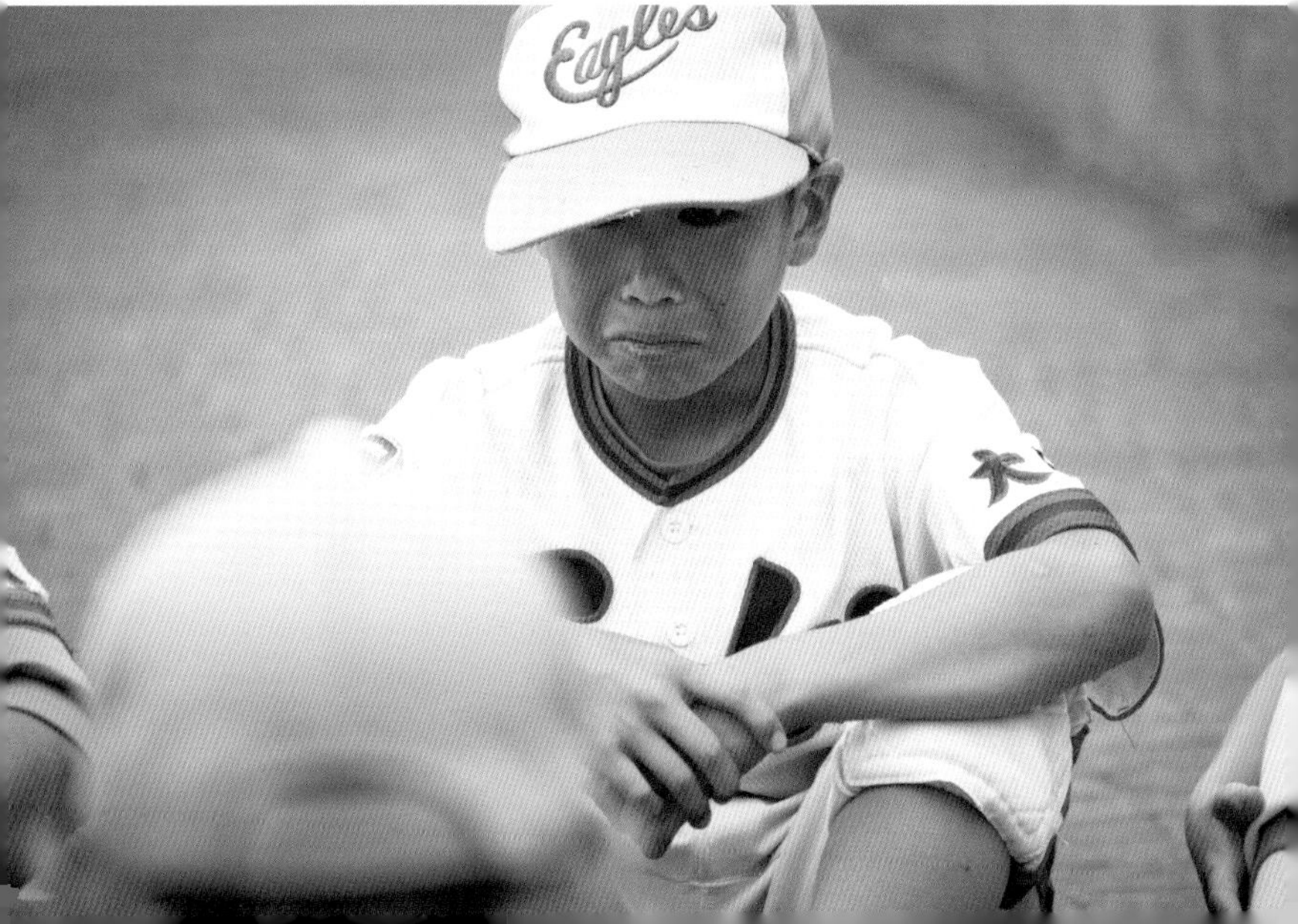

ことだま【言球】

❶日本人が言葉には霊力が宿り、言葉の内容が現実になることがあると信じていた不思議な力が言霊で、それを野球に置き換えた造語。❷仲間に声をかけることで、そのパフォーマンスをさらに高める力がある。ただし、お互いに認め合っていないと心に響かない。

年中夢球辞典

仲間同士が認めあって、仲間同志になって、懸命に声をかけていればそれは「声懸け」です。認め合いがなく「お前、やる気あんのかよ!」といったただの悪口になっていれば、それは相手を追い詰めていく「声崖」です。いいチームでなければいい声懸けはできません。仲間同士で認め合ったからこそ心に響く「言球＝ことだま」になっていくのです。

子供は親を真似する

「声懸け」と「声崖」は大人の影響もあります。大人が発する言葉を子供は見ています。大人が心ない言葉を子供に言えば子供も真似をします。相手チームを野次る指導者がいるときは、選手も似たような態度で声出しをしてしまいます。親も注意が必要です。

じりつりょくとじりつりょく【自律力と自立力】

❶【自律】自分自身で立てた規範に従って行動すること。【自立】ほかからの力を受けずに存在すること。❷親は子供に自立してほしいと願うが、実際に自立を感じると寂しくもあるもの。❸自立するには、自律が密接に関係しているので、どちらの力も必要になる。

年中夢球辞典

「自立」とは親や他の力を借りずに自分の力で考え、行動できることを言います。小学生はその自立の過程にあると言えます。自立に必要なものに「自律」があります。自分の心をコントロールする自律があって初めて自立に近づいていきます。そして、その自律の心はメンタルなど野球でも多くのプラスになることがあるのです。

否定ばかりはダメ

自律の対義語は「他律」。自分で決めたルールで言動をコントロールするのではなく、他からの強制や命令で行動することを指します。親が否定や強制の言葉を使ってばかりでは、お子さんは「自律」の心が生まれず「自立」にも繋がりません。

かつちから【克つ力】

❶「克」には、うちかつ、力を尽くしてかつという意味があり、克服（努力して困難にうちかつこと）、克己（自分の中にある欲望や邪念にうちかつこと）など、自分の力でかつという意味で使われる。❷練習をさぼりたいという気持ちが出てきたときに試される力。

見られ練では成長しない

親が見ているからといって行うような自主練は真の自主練ではありません。だれかに見られてやる練習は「見ら練」です。誰も見ていない時の姿が本当の自分。やる気がある時は誰でもやります。だから、やる気がない時でも練習をやれる選手が成長していくのです。

年中夢球辞典

勝つという漢字は、「相手に勝つ」という場合に使われます。しかし、自分にかつという場合は「克つ」という漢字が使われます。野球に限らずスポーツは相手と戦う時間より練習や自主練など自分と戦う時間のほうが長いのです。自分に克つことができなければ相手に勝つこともできません。今日がダメでも明日がある。そのためには自分に克つことからです。

こうこうきゅうじ【孝行球児】

❶高校球児から発案された造語。❷小学生から野球を始め、高校卒業まで続けられる選手は限られてくる。だからこそ、その日のために努力を続けたい。❸高校の最後の試合を迎えた時、親も子供も、お互いに感謝をし、この言葉をかけてあげたい。

年中夢球辞典

高校野球を最後まで成し遂げられるのはたくさんの人のお陰があるからです。その感謝の気持ちが、真の意味でわかるのが高校野球最後の日。その日に彼らは高校球児を卒業し孝行球児になるのです。そして、親御さんも孝行球児の親になるのです。親にとって一番嬉しく一番寂しい日でもあります。まだまだ先ですが、その日を目指して、今日も頑張りましょう。

ずっと先はあっという間

高校野球の最後の日にスタメンなのかベンチなのかスタンドなのかが大切ではありません。どこでお子さんが頑張ったのかではなく、どう頑張ってきたのかが大切なことです。ずっと先だと思っていてもあっという間にやってきます。

冬

12月～2月

- 卒団式
- 活動締め
- 道具磨き
- 大掃除
- 初詣（必勝祈願）
- グラウンド開き

選手たちも冬の試合は身体が動かなかったり、手がかじかんで思うように投げられないということがあります。寒さ対策はしっかりとしておきましょう。

大きな大会が終わり、6年生は次のステージへの準備が始まります。卒団式の時に「このチームでよかったな」。そう思ってもらえたら最高ですね。そして、在団生はこの卒団生の意志を「伝統」として引き継ぎ、新チームへの準備を進めていきます。

お母さんの服装チェック

モデル：さおり

冬……監督たちは焚火に当たっていることがあるのに、お母さんたちは寒さに震えながら立っているだけ、ということもあります。厚手のダウンはもちろん、ヒートテックのインナーを忘れずに。手袋や帽子も必須ですが、靴の先にカイロを入れておくだけで寒さを軽減できます。よく見たらカイロだらけのお母さんもいます（苦笑）。

第五章

親が子供にできること 子供がやるべきこと

野球を通じて見られる子供の成長は、親としてうれしいものです。中学生になると親との距離が次第に変わってくるので、少年野球の期間は本当に濃密で、貴重な時間になることでしょう。でも、すべて親が干渉していては、自分で考えて動く力がつきません。ここでは子供がやるべきことは何か、親が子供にできることは何か、キーワードとともに見ていきましょう。

いってらっしゃい【行ってらっしゃい】

❶自宅からグラウンドへ向かう子どもに対して、見送る側（家族）の挨拶。❷行って、無事に帰ってきてください、という意味が含まれる。例行ってらっしゃい！　車に気を付けてね！

子供ができること

行ってきますは、「行って帰ってきます」という意味です。それが守られた挨拶が「ただいま」と「お帰りなさい」なのです。必ず家に帰って来ることをお父さんとお母さんに約束してください。そして大きな声で「ただいま！」を言うようにしましょう。

親にできること

現代は一歩外に出れば事故や事件といったような親として心配なことや危険なことに溢れています。無事に家に帰って来ることも当り前の世の中ではありません。どんなに喧嘩をしても朝の「行ってらっしゃい」をお子さんにかけてあげてください。言霊……必ずあると思っています。

しょくいく【食育】

❶ただ単に食べるだけでなく、食に対する心構えや、栄養学、食文化などを伝える教育のこと。❷食育によって朝の疲労感や体の不調が軽減されるという研究もある。例 食育効果で心も体も健康だ。

子供ができること

食事をきちんと取ることは、体を大きくし、パワーがつくだけではありません。怪我に強い体を作り、疲れを早く取ることにもつながります。好き嫌いがあれば体のバランスが悪くなります。肉だけではなく野菜も魚もしっかり食べることはトレーニングなのです。

親にできること

食育と聞くと「お肉やご飯をたくさん食べること」と思うかもしれませんが、そうではありません。大きな体を作ることはもちろんですが、強い体を作ることも食育の目的の一つ。また体の疲れを取るために酢の物を取り入れることも大切で、バランスを考慮することが求められます。

せばんごう【背番号】

❶選手を見分けるためにユニフォームの背中につける番号。❷ポジションによって数字が決まっていることが多い。❷メンバーが多いと背番号をもらえず悔しい思いをすることも。

例 やった！　背番号1をもらったぞ！

子供ができること

背番号はただの数字ではなく、いろいろな人の想いを背負う番号です。頑張って練習をしたけど一桁を取れなかった仲間や一生懸命に縫ってくれたお母さんの想いを背負い、そしてその番号を付けてきたチームの先輩たちともつながっているのです。

親にできること

子供がチームからもらってきた背番号が一桁であろうが、二桁であろうが、親としては背番号をもらえたことに感謝をし、願いを込めて縫って欲しいのです。わが子が怪我をしないように……、そして、楽しんで野球ができるように……。一針一針に魂を込めて、一針入魂の気持ちで。

おうえん【応援】

❶試合の時、グラウンドで声援や拍手をして選手やチームを励ますこと。❷家にいて、子供の活躍を祈ること。❸他人の手助けをすること。例今日の試合は応援のおかげで見えない力をもらえた。

子供ができること

毎週のように楽しんでいる野球は多くの人の「お陰」でできているのです。そのお陰を「ために」に変えることでたくさんの力をもらえます。練習が辛い時や大事な場面で多くの人の顔を思い出してください。きっと「不思議な力」がもらえるはず。応援の力は勇気を与えてくれます。

親にできること

応援というのは損得がないもの。「応援しなければ」と思うのではなく「応援したい」と思うのが真の応援の姿です。応援することが辛くなってしまったら応援ではなく期待になってしまっているのかもしれません。応援の主人公は子供ですが、期待の主人公は親であることを忘れないでください。

ばっくほーむ【バックホーム】

❶練習や試合を終えて無事に家に帰ってくること。❷ホームをねらうランナーをアウトにするために、野手がホームへ送球すること。❸帰る場所が当たり前にあることは幸せなことである。

子供ができること

君たちは野球で辛いことがあっても帰る家があります。君を待ってくれている家族がいます。それも当たり前のことではありません。家族は君の帰りを心待ちにしてくれているのです。たとえ嫌なことがあったとしても元気を出して家に帰りましょう。

親にできること

お子さんは野球で辛いこともあるでしょう。叱られたかもしれないし、大事な場面でエラーをしたかもしれません。暗い顔で家に帰ってくることも。そんな時こそ親御さんは、そのバックホームを笑顔で迎えてあげてください。キャッチャーのようにしっかり受け止めてあげてください。

みまもる【見守る】

❶無事でいることを注意しながら見ること。❷練習や試合、家での自主練などで子供に口を出したいところを我慢して祈るような気持ちで見ること。例 厳しい練習だけど親は見守ることしかできないよ。

子供ができること

6年生にもなると親の言うことが時に「うっとおしい」と感じてしまうことがあるかもしれません。ですが、そうならないために自分で物事を考え、行動することが君たちにも必要です。親の指示を待つのではなく、自分から行動できるようになれば、プレーも変わります。

親にできること

親が先回りして口を出したり、手を貸してあげることのほうが楽で子供も脱線しないでしょう。しかし、先回りばかりしているとそれは見張る親になり、子供は自分で感じ、考えることを止めてしまいます。今だけを切り取って見るのではなく、先々のためにどちらがいいのかを親が見守ることも必要です。

かほごとかかんしょう【過保護と過干渉】

❶【過保護】子供に必要以上の保護を与えてしまうこと。【過干渉】どんなことにでも干渉しすぎてしまうこと。❷子供を心配するあまりの行為だが、自主性を奪うことにもなりかねない。

子供ができること

親やコーチにバッグを持ってもらう、道具を片付けてもらう……この「もらう」という行動を減らすこと。いつまでも助けてくれるわけではありません。自分の道具は自分で持つ、自分の道具は自分で片づける、自分のことは自分で当たり前にできるように。

親にできること

子供を心配するあまり過保護や過干渉になってしまう親御さんがいらっしゃいます。「待てない親御さん」です。叱られないように、辛いことが起こりませんように……と予防線を張ってはいけません。親御さんが待つことで子供は自分で考え行動できる人間に成長していくのです。

がんばれ【頑張れ】

❶つらいことがあっても物事が達成できるよう相手を激励する呼びかけ。❷野球だけでなくあらゆるスポーツで使われる。❸人によってはどう頑張ればいいのかわからず困惑することも。例頑張って投げろ！

子供ができること

頑張るにもいろいろな意味があります。自分の願いが叶うようにと思う「願晴る」。辛い練習でも眼だけは見開いて「眼張る」。そういう頑張りが笑顔に繋がっていく「顔晴れ」になるのです。頑張れないときだってありますが、それを乗り越えるのは自分しかいないのです。

親にできること

子供に何と声を掛けていいかわからずに使うこの言葉。私も大好きな言葉ですが、時に子供を傷つける時があります。頑張っているのに……そう思っているお子さんには、頑張れという言葉よりも「応援しているからね」「味方だからね」といったような寄り添う言葉のほうが安心するのかもしれません。

はんせいかい【反省会】

❶試合や練習が終わったあとに、その内容について評価する会。近年は「振り返り」と呼ぶことが多い。ミーティング。❷家で夕食時にお父さんやお母さんと行うこともある。例なんであんなチャンスに三振した！ 夜は反省会だ!!

子供ができること

大切なことは、話し合うことでもなく決定することでもありません。決められたことを「実行する」ことです。長い時間ミーティングすることに満足してしまう監督やコーチもいますが、それを聞いて、自分がどう実行していくかで本当の意味が出てくるのです。

親にできること

良くない反省会は、親が一方的に感情に任せで行っているケースです。そして過去から焦点が動かない反省会。「なんであそこでエラーした」など焦点を過去だけで終わらせるのではなく、これからどうするのかという未来に焦点を向けた反省会こそが「意味のある反省会」と言えます。

おべんとう【お弁当】

❶練習や試合の時、外で食べるために持っていく食べ物。❷子供が好きな食べ物やおにぎりをボックスに詰めていく。❸夏場は傷みやすいので細心の注意を払う。例お母さん、今日のお弁当うまかったよ！

子供ができること

おにぎりは「鬼切り（おにきり）」という言葉が始まりだと言われています。お母さんは、子供たちより一時間も早く起きて「どうか今日も無事に……」という願いを込めておにぎりを握ってくれています。食べる時にお母さんのことを想い出し感謝するようにしましょう。

親にできること

高校野球を終えたお母さんたちは「大変だったけど野球の時にお弁当を作っているのが幸せだった」そう話します。お弁当作りは親御さんにとって大変なことですが、高校野球を終える日はあっという間にやってきます。これも当たり前のことではありません。幸せを噛みしめながら作ってあげてください。

好きなおにぎりTOP10

少年野球に付き物と言ったらお母さんの握ってくれるおにぎり。子供が起きる1時間も前から、時には前の晩から仕込んでくれています。具はどんなものが人気なのでしょうか、Instagramでアンケートを実施しました。

1位 鮭　2位 唐揚げ　3位 ツナマヨ

4位 塩おにぎり　5位 ミートボールなど肉類　6位 梅干し

7位 昆布　8位 明太子　9位 スパム　10位 たらこ

面白かった回答

- **たくあん&チーズ**「これ……合いそう」
- **福神漬**「斬新だけど……渋くない？」
- **生うに**「くさらないのでしょうか(^^;)」
- **しゅうまい**「これは考えつかなかった」
- **大場みそ**「これって大人の味ですよね」
- **枝豆コーン**「想像がつきません！」
- **ポーク玉子**「沖縄の人に大人気でした」
- **大根キムチ**「意外に合う？」

好きな 嫌いな 練習メニューTOP5

子供たちにも好きな練習と嫌いな練習があるものです。Instagramでのアンケートで以下のような結果が出ました。なんとアメリカンノックは両方にランキング。なんだかわかる気がします。

好き

1位 バッティング練習
2位 ベーラン競争
3位 紅白戦
4位 ピッチング練習
5位 アメリカンノック

番外編

- **監督の鬼ノック**
「打つほうも自分に酔いしれています」
- **冬練の時のサッカー**
「えっ、本当はサッカーが好きなの？ って思う日も（笑）」

嫌い

1位 ランニング 走りこみ
2位 アメリカンノック
3位 体幹トレーニング
4位 食トレ
5位 サーキット練習

番外編

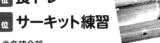

- **冬練全部**
「地味なトレーニングってきついものです」
- **試合で負けた後のノック**
「心なしか強いボールが飛んでくる気がします……」

第六章

野球の言球（ことだま）

日本では、言葉に宿っていると信じられている不思議な力のことを言霊と言います。その言葉を発していると結果に現れるというものです。野球にもいつも心に留めておくことで、力になったり、次につながる言葉があります。それをここでは「言球」と呼びます。本章では、8つ挙げていますが、それぞれの選手、ご家族、チームでいろんな言葉が「言球」となることでしょう。

「ありがとう」

常に持っていたい心の声

❶「有り難し（ありがたし）」が語源で、本来は「珍しくて貴重」という意味。よって反対語は「当たり前」になる。❷多くの人に支えられて野球をやることができるので常に持っていなければいけない気持ち。

選手へ

練習できるグラウンドがあること、グローブがあること、お弁当があること、君たちがいつも当たり前にあると思っていることは、当たり前ではありません。当たり前の反対が「有り難し」となり、有り難しの気持ちを持つことで本当の意味の感謝の気持ちが出てくるのです。そして、それを言葉にすることを「ありがとう（有り難う）」というのです。心からの気持ちで伝えましょう

親へ

感謝は謝意を感じると書きます。強制するものではなく子供が感じるものです。また、感謝の謝は言葉を射ると書きます。当たり前のことが当たり前でなく有り難いと感じた時に、親も子供も「ありがとう」という言葉を射ることができるのではないでしょうか。

「気にするな！」

プラス言葉のようでマイナス言葉！

❶何かがあって落ち込んだり、怒っている相手に対して「大丈夫だよ」の意味で使う言葉。❷実際にはそう思えないために悩んでいたり、苦しんでいたりすることがあるので、逆効果の場合もある。

選手へ

「気にするな！」「低めを振るな！」「フォアボールを出すな！」これらはすべて「否定言葉」です。否定言葉というのは実は普通の言葉よりも頭に残ってしまうものなのです。「気にするな！」なら「次！次！」、「低めを振るな！」なら「ベルトより上を狙え！」、「フォアボールを出すな！」なら「腕を振れ！」といった言葉のほうが仲間に響く声になるでしょう。

親へ

「ピンクのゾウを想像しないでください……」と言われると人間はついピンクのゾウを想像してしまうものです。否定用語というのはより頭に残ります。日常の生活でも子供に否定用語ばかり使っていると、お子さんは時に人格を否定されたととらえてしまうこともあります。

「センス」

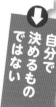

自分で決めるものではない

❶球際の強さだったり、どんなボールでも打ち返したりする上手な選手に対して「センスがある」と評するもの。❷必ずしも生まれつき持っているものとは限らず、多くの経験を積むことで磨かれてくるものでもある。

選手へ

日本語にすると「感覚」「感性」だとしたら、この感覚や感性は選手自身の頑張りで磨かれていくはずです。つまり、センスは自分で積み上げていくものなのです。「センス」というと生まれ持ったもののように思いますが、自分自身でやれるべきことがあるのです。「センスがない」などと自分で言っているのは努力することを放棄しているようなものです。

親へ

「センスがない」という言葉を大人が簡単に使わないことです。どんな子供でも長所を持っています。その長所を見つけ磨くことが大切。指導者が簡単に「あいつはセンスがない」などと口にすることがありますが、親まで一緒になって言わないことです。

「すみません」

次につなげる大切な言葉

❶ミスをしたときの謝罪の気持ち、何かしてもらった感謝の気持ち、負担をかけることに申し訳ないと思いつつお願いをするときに用いる。❷指導者に怒られるとすぐに使ってしまう言葉。

選手へ

サヨナラーエラーや自分のミスで試合に負けてしまった時、「すみません」と簡単に言ってしまう選手がいます。いちいち「すみません」と謝る必要はありませんが、「すみません」には、このままでは「済みません」という意味があるのです。こんな悔しい思いをしたままでは終われない……そんな意味の「済みません」の気持ちが、きっと今後のプレーに活きてくるのだと思います。

親へ

悔しい思いを「次のステップのための糧にする」というのは、実は難しいことです。人間は時が経てば悔しさを忘れてしまうからです。だからこそ、悔しい試合＝自分を変えてくれる試合にするのです。過去は変えられませんが、過去の想いは変えることができます。

すべては行動した通りになる

「行動した通りに……」

❶自分の考えていたことと現実・実態が一致している様子を表す言葉。❷思うことは簡単であり自由でもあるが、それを実践することは難しいもの。

選手へ

港にカモメが5羽います。1羽のカモメが飛び立とうと決心しました。では今、港にカモメは何羽いるでしょう……。答えは5羽のままです。「よし！」と心に決めても行動しなければ何も変わりません。また、思った通りにもなりません。すべては行動した通りになるということなのです。思うことはとても大切ですが、肝心なことは何かひとつでも行動したかどうかなのです。思いきって動いてみましょう。

親へ

「思った通りになかなか上手くいかないな……」と、我々大人でも考えてしまう時があります。しかし、その前にどれだけ行動したのか、ということこそが大事になってきます。今の状況は、思った通りではなく、行動した通りになっているのです。そういうところを見てあげましょう。

「協力が一番強力」

力がたくさんあるから強力になる

❶【協力】ある目的に向かって力を合わせること。【強力】力や作用が強いこと。❷チームの力が「勝利」という目標に向かってひとつになることで、強い力となり、思わぬ力が発揮され、目標が達成されること。

選手へ

「強力打線」という言葉に誰もが憧れますが、相手チームにとってもっと嫌なのは「協力打線」です。全員がチームの勝利のために役割を理解し、束になって襲いかかってくる協力打線はとてつもなく脅威になります。練習や道具の出し入れなど普段からみんなで協力しているチームが、試合の時に力を合わせると協力打線となるのです。すごいバッターが一人いたとしても強力打線にはなりません。

親へ

嫌な仕事を一部の子供ばかりがやっていないでしょうか。協力という字には「力」という漢字が4つも入っています。普段からみんなで協力しあっているチームこそが試合でもたくさんの力が出て勝利に結びつくのです。そんな目線で子供たちを見てみましょう。

「分かち合う」

辛いことが減り楽しいことが増える

❶分け合ったり、互いに共有すること。❷野球のような団体競技では、ミスを誰かのせいにするよりもチーム全体で分け合うことで、その選手の心理的な負担が軽減され、次のプレーで本来の力を発揮しやすくなる。

選手へ

一枚のクッキーを仲間にただあげることは「分け合う」ですが、「このクッキーはすごくおいしいからみんなにも食べさせてあげたい」という気持ちは「分かち合う」になります。みんなで分かち合うことで辛いことは減っていき、楽しいことが増えていくのです。仲間の心をわかってあげられるチームはたくさんの気持ちを分け合っていると考えてほしいのです。身近な人への気配りから始めてみましょう。

親へ

子供に「感謝をしなさい」とよく言いますが、言葉ではなく感謝の心を感じさせ、育ませることが大切です。分かち合う心を持つことで、子供は相手にしてもらったことを覚えて感謝の気持ちを感じるはずです。我々大人も分かち合う心を大切にしていきたいですね。

「夢」

❶自分がこうありたいと強く願っていること。❷野球少年は、プロ野球選手を目指したり、甲子園でプレーすることを設定する人が多い。❸あまりに不調が続いたとき、寝ている間に幻覚を見ること。悪夢。

持ち続ければ逃げないもの

選手へ

「プロ野球選手になりたい」「高校野球で甲子園に行きたい」といった将来の夢を持つことは誰にでも許されています。持つだけでなく、頑張ろうとすると「夢」は近づき、語り合う仲間がいると「夢」は喜んでくれます。諦めようとすると、あなたの口から愚痴が出てきて「夢」は悲しみます。夢は時に遠ざかったり近づいたりしますが、君が持ち続けている以上、絶対に逃げません。

親へ

夢を持つことは素晴らしいことです。そして、その夢のために頑張っている姿というのは、それ以上に素晴らしいことなのです。たとえ夢が叶わなかったとしても大きな夢を持ち、そこへ向かって頑張ったことは、お子さんを一生支えてくれる糧になるはずです。

あるある野球児典

【秋の気配】

当番の氷が余る時に感じる季節の変わり目。


【雨迷子】

野球が中止になるとどこに行っていいかわからなくなる親子のこと。とりあえずスポーツショップに行ってしまうパターンが多い。


【落ち着かない母】

「落ち着いてー」と選手に言っている割に自分の声が一番落ち着いていないことに気付いていない母親のこと。


【お茶屋】

子供が頼んでもいないのに「お茶がなくなったら言うのよー」と休憩のたびに言う母親。子供の自立を妨げていることに気が付かず自分はいいことをしていると思っているのが特徴。


【お弁当のクリーンアップ】

3番＝唐揚げ、4番＝ウインナー、5番＝玉子焼きのこと。


【肩めくりかあちゃん】

夏場にチームTシャツを肩までめくっているお母さんのこと。チームに一人は高い確率で出現する。


【グーグルマップママ】

遠征の行き先やコンビニの配置まで全て頭に入っている頼もしいママ。


【困った時のプチトマト】

お弁当がお肉だらけになるのでとりあえず入れておくプチトマトのこと。


【サッカー部行ってこい！】

ゴロを捕れずにボールを足にぶつけてしまった時にコーチに言われるお決まりの言葉。

【紫外線に敗北】
万全な日焼け対策をしたはずなのに日焼けしてしまうこと。

【ジマンマン】

我が子の自慢を永遠に話す親のことを言う。もう同じ話を何度もしていることに気が付かないパターンも多く、聞いているほうは初めてのフリをして聞かなければいけないので……ツライ。

【焚火当番】

冬になると焚火をしてくれる父のこと。燃やし方にこだわりをもっている。


【父だけコンビニ】

母が子供のお弁当は作るのに父のお弁当は作ってくれず父だけがコンビニ弁当になるという悲しくも不思議な現象。


【沈黙カー】

試合に負けた帰りの車の中のこと。当然のように沈黙……。


【ナビにない目的地】

田舎のほうや山の中のグラウンドはナビに載っていないことがあって、対戦相手に場所の問い合わせをしてしまう。


【ハウスお弁当】

朝早く作ったのに雨で野球が中止になり家で食べるお弁当のこと。


【バッティングセンターコーチ】

バッティングセンターで指導しているうちに熱くなりすぎてしまう父親のこと。


【春の気配】

当番のお湯が余る時に感じる季節の変わり目。


【不審者】

冬にニット帽、ロングコート、マスク、手袋、マフラーで防寒したものの見た目が不審者になってしまうこと。


【ボスママ】

口だけは動くが行動しない母親。自分ではリーダーだと思っているが周りから迷惑がられていることに気が付いていないのが特徴。


【ミートテック】

「冬はヒートテックが暖かくていいよね」と言うと「私はミートテック」があるからと言って不敵な笑みを浮かべること。


【もう一丁の謎】

ノックの時にエラーをして「もう一丁」と言うと「試合にもう一丁はねえんだよ！」と打ってもらえず、エラーして何も言わないと「もう一丁はねえのか！」と言われる謎。どうしたらいいの？


【焼肉サギ】

「活躍したら焼肉ね」と言っていたのに活躍しても焼肉に連れて行かない親のこと。


【憂鬱な朝】

審判講習会に行く父の朝の気持ち。


【レトロT・レトロ帽子】

在籍が長く色あせてきたチームTシャツや帽子のこと。兄弟がチームにいる母がこのケースになることが多いが、特に帽子は別のチームのようになっていることもある。


【ロンリーグローブ】

内野から外野に回され、悩んだあげく、外野手用のグローブを買った瞬間に内野に戻された時、部屋の片隅に置かれているグローブのこと。

あとがき

親子で野球というスポーツをもっと楽しんでほしい。野球というスポーツの奥深さをもっと知ってほしい。ただの用語解説だけでなく心の大切さやメンタルも知ってほしい。そんな想いでこの本を書かせていただきました。

野球少年はもちろんですが、あまり野球を知らない親御さんにもこの一冊で「野球」というスポーツの楽しさがわかるように書かせていただきました。

練習や試合の時にもこの本をグラウンドに持っていってもらったり、練習や試合の後に親子で振り返るための一冊になったら心より嬉しく思います。

この『少年野球児典』が野球少年のスタートとなる本になり、「孝行球児」になってくれることを願っています。

〜年中夢球〜

ねんじゅうむきゅう
【年中夢球】

本間一平●学童野球、クラブチームの指導者を20年。人数が少ないチームから県大会優勝、関東大会準優勝に導く。メンタルスペシャリストの資格を取得。「心の野球」をテーマにしたブログが選手、指導者、親に支持され、SNSでは60000人以上のフォロワーを持ち、カリスマ的存在となる。2018年に刊行した初の著書『球育』は12刷にもおよぶ大ヒット作となり、『球極』『球伝』『なぜ元気な会社には補欠がいないのか』を次々と発表する。野球講演家としても全国を飛び回り、「心の野球」の重要性を説いている。

ブログ・講演のお知らせは https://nenjyu-mukyu.com/

少年野球児典

2020年7月31日 初版第一刷発行

著　者　年中夢球
発行人　石井聖也
編　集　藤森邦晃
営　業　片村昇一

発行所　株式会社日本写真企画
〒104-0032 東京都中央区八丁堀3-25-10 JR八丁堀ビル6F
TEL 03-3551-2643　FAX 03-3551-2370

デザイン　泉 かほり（オンデザイン）
監　修　奥津浩之
写真提供　buchiko、yosshy、Shino Koba、充音の母、赤沼堅吾
inumaru_30、shochiko、KIMIYO、ichinosuke
ゆずの木、田村梨奈、鶴丸奈奈、岡崎☆葵、きのこ
トムズグラフィックス
印刷所　シナノ印刷株式会社

ISBN978-4-86562-112-9　C0075